GRANIT

Für Barbara

GERHARD TRUMLER

GRANIT

DAS LAND VOR DEM WINTER
WALDVIERTEL

Photographie Gerhard Trumler
Texte Adalbert Stifter

*publication PN°*1
Bibliothek der Provinz

Steine
Wässer · Wälder
Dörfer · Häuser
Menschen

Das Geheimnis des Anfangs berührt der Fuß hier, denn das Urgestein wurde als erstes auf der Erde, und als späte Gäste nur trägt es Pflanze und Tier.

Der Mensch aber, der Zuletztgekommene, will in dieses Geheimnis des Erstgewordenen eindringen. Er bohrt sich in das graue, verwitterte Gestein und holt die Stücke aus der Tiefe hervor.

Farbdurchtönt und durchzogen von Gestalt ist, was er fördert. Alles Gestein dieses Landes ist kristallig gebildet, durchscheinend milchig oder rosenrot ist der Quarz, mit seinem Schmelz frisch leuchtend, als sei er neu geschaffen am heutigen Tag. Wo er hohlen Raum gefunden hat zu seiner Entfaltung, nicht bedrängt war vom Geschiebe der Masse, ist er aufgewachsen zu durchsichtigen Bergkristallen mit Säulen, Wänden und spitzen Türmen wie eine Burg seiner selbst.

Hell glitzern die Glimmer, in silbrigen Plättchen, in goldroten oder in grünen, zart als wären es Schuppen von Falterflügeln. Auf den Kristallen des Feldspats liegt Glanz wie von weißen oder roten Blumenblättern, sie lassen das Licht ein und leuchten, als hätten sie unter der Erde nur gewartet auf jene Stunde, da das Licht sie trifft.

Dicht ineinander geschoben, in winzigen Teilchen, wachsen die drei zusammen zum Granit, der Quarz, der Feldspat und der Glimmer.

Unter dem Druck ungeheuren Gewichtes schichten sie sich zum Gneis. Körniger Marmor, weiß wie neues Eis, zieht durchs Gestein, grünlicher Serpentin ist eingesprengt, Säulen aus glänzend schwarzem Turmalin und kleine Tropfen blutroten Granats.

Erste Geburt aus dem glühenden Fluß des Magma ist all dieses Gestein. Nicht ergab es sich gleich der Erstarrung, lange währte das Drängen und Schieben des urmächtigen Gebärens. Niemand sah es, kein Auge war damals noch auf der Erde geboren. Nur der Tag und die Nacht gingen über den brennenden Stein, und fern stieg der Dampf aus kochenden Meeren.

Hoch stand das Urgebilde über aller Erde und allem Gewässer, kristallig und hart wie ein Gebirge der Ewigkeit. Keine Wurzel drang hier ein, denn die Pflanzen dieser Zeit standen noch nahe dem Wasser und den Sümpfen, aus denen sie gekommen waren.

Die Lüfte der Jahrmillionen aber begannen ihr Werk. Feines Werkzeug nur hatten sie, die Strahlen der Sonne, die Fäden des Wassers, die kleine Sprengung des Eises, den Hauch ihrer Winde, nicht mehr als dünne Nadeln über den Bergen. Aber sie waren im Bund mit der Zeit. Sie gruben Täler, stürzten Gipfel und schwemmten sie hinab ins Meer, und sie nahmen dem Gebirge seine Höhe.

Wir können Jahrmillionen nicht mehr verstehen, unsere Zahlen greifen nicht mehr, wo sie herankommen an Urgezeiten. Unangreifbar bleibt die Zeit, in der Lüfte Berge verwehen, unbegreifbar wie die Zeiten, in der abgelebte Schalen der Muscheln am Grunde des Meeres sich zu Bergen häuften.

Da das Urgebirge schon alterte, zerfurcht war vom Wetter und starr geworden in sich, war noch Bewegung in der Erde. Wo sie verdeckt lag, unter dem Meer, drängte sie auf, und ein junges Gebirge stieg aus den Wogen, sie hoben den kalkigen Muschelgrund des Meeres in die Höhe und sandten die abgeworfenen Fluten gegen den Uralten.

Das junge Gebirge in seinem Wachsen erschütterte fernhin den Boden. In seinem Grund getroffen, zerbrach das Gefüge des Alten, zerrüttet sanken seine Höhen in sich selbst zusammen. Aber immer noch wirkt die alte Macht aus dem Urgestein. Es bestimmt das Land und alles, was seine Nahrung nimmt aus ihm.

Was aus ihm strahlt, füllt wie ein Duft den Raum, sein Atem dringt durch die Wälder und durch die Häuser der Menschen, und es bleibt fühlbar als der ganzen Landschaft heimlicher Diener und Herr.

IMMA VON BODMERSHOF

Das Wehen der Luft das Rieseln des Wassers das Wachsen der Getreide das Wogen des Meeres das Grünen der Erde das Glänzen des Himmels das Schimmern der Gestirne halte ich für groß; das prächtig einherziehende Gewitter, den Blitz, welcher Häuser spaltet, den Sturm, der die Brandung treibt, den feuerspeienden Berg, das Erdbeben, welches Länder verschüttet, halte ich nicht für größer als obige Erscheinungen, ja ich halte sie für kleiner, weil sie nur Wirkungen viel höherer Gesetze sind. Sie kommen auf einzelnen Stellen vor, und sind die Ergebnisse einseitiger Ursachen. Die Kraft, welche die Milch im Töpfchen der armen Frau empor schwellen und übergehen macht, ist es auch, die die Lava in dem feuerspeienden Berge empor treibt, und auf den Flächen der Berge hinab gleiten läßt..
Ein ganzes Leben voll Gerechtigkeit Einfachheit Bezwingung seiner selbst Verstandesgemäßheit Wirksamkeit in seinem Kreise Bewunderung des Schönen verbunden mit einem heiteren gelassenen Sterben halte ich für groß: mächtige Bewegungen des Gemütes furchtbar einherrollenden Zorn die Begier nach Rache den entzündeten Geist, der nach Tätigkeit strebt, umreißt, ändert, zerstört, und in der Erregung oft das eigene Leben hinwirft, halte ich nicht für größer, sondern für kleiner, da diese Dinge so gut nur Hervorbringungen einzelner und einseitiger Kräfte sind, wie Stürme feuerspeiende Berge Erdbeben.

Vorrede zu den BUNTEN STEINEN

Wie der Mensch doch selber arbeitet, daß das vor ihm Gewesene versinke, und wie er wieder mit seltsamer Liebe am Versinkenden hängt, das nicht anderes ist als der Wegwurf vergangener Jahre. Es ist dies die Dichtung des Plunders, jene traurig sanfte Dichtung, welche bloß die Spuren der Alltäglichkeit und Gewöhnlichkeit prägt, aber in diesen Spuren unser Herz oft mehr erschüttert als in anderen, weil wir auf ihnen am deutlichsten den Schatten der Verblichenen fortgehen sehen und unsern eignen mit, der jenem folgt. Darum hat der Großstädter, der stets erneuert, keine Heimat, und der Bauernsohn, selbst wenn er Großstädter geworden ist, hegt die heimliche, sanft schmerzende Rückliebe an ein altes, schlechtes Haus, wo die Bretter, Pfähle und Truhen seiner Voreltern standen und stehen. Wenn die Gebeine eines Gewesenen schon verkommen sind oder zerstreut in einem Winkel und im Grase des Kirchhofes liegen, stehen noch seine bleichenden Schreine in der alten Wohnung, sind zuletzt die beiseite gesetzten ältesten Dinge und werden so wieder die Gespielen der jüngsten, der Kinder.

AUS DER MAPPE MEINES URGROSSVATERS

Es gibt nichts Großes und nichts Kleines. Der Bau des durch Menschenaugen kaum sichtlichen Tierchens ist bewundernswert und unermeßlich groß, die einfache Rundung des Sirius ist klein; der Abstand der Teilchen eines Stoffes und ihre gegenseitige Stellung und Bewegung kann in Hinsicht ihres Durchmessers so groß sein als der Abstand der Himmelskörper voneinander. Wir Menschen heißen das uns Vergleichbare, das von uns Erreichbare klein – das andere groß; aber nichts ist uns völlig vergleichbar oder erreichbar, und alles ist groß; oder über alles können wir mit beschränkten Augen vergleichen und richten, und dann ist uns nichts wichtiger und groß als wir – das andere ist nur da. Gott hat das Wort groß und klein nicht, für ihn ist es nur das Richtige.

An Friedrich Culemann, 3. Februar 1854

Man sagt, daß der Wagen der Welt auf goldenen Rädern einhergeht. Wenn dadurch Menschen zerdrückt werden, so sagen wir, das sei ein Unglück; aber Gott schaut gelassen zu, er bleibt in seinen Mantel gehüllt und hebt deinen Leib nicht weg, weil du es zuletzt bist, der ihn hingelegt hat; denn er zeigte dir vom Anfange her die Räder, und du achtetest sie nicht. Deswegen zerlegt auch der Tod das Kunstwerk des Lebens, weil alles nur Hauch ist und ein Reichtum herrscht an solchen Dingen. – Und groß und schreckhaft herrlich muß das Ziel sein, weil dein unaussprechbares Wehe, dein unersättlich großer Schmerz nichts darinnen ist, gar nichts – oder ein winzig Schrittlein vorwärts in der Vollendung der Dinge.

Aus der Mappe meines Urgrossvaters

Es gibt Kräfte die nach dem Bestehen des Einzelnen zielen. Sie nehmen alles und verwenden es, was zum Bestehen und zum Entwickeln desselben notwendig ist. Sie sichern den Bestand des einen und dadurch den aller. Wenn aber jemand jedes Ding unbedingt an sich reißt, was sein Wesen braucht, wenn er die Bedingungen des Daseins eines anderen zerstört, so ergrimmt etwas Höheres in uns, wir helfen dem Schwachen und Unterdrückten, wir stellen den Stand wieder her, daß er ein Mensch neben dem andern bestehe, und seine menschliche Bahn gehen könne, und wenn wir das getan haben, so fühlen wir uns befriediget, wir fühlen uns noch viel höher und inniger als wir uns als Einzelne fühlen, wir fühlen uns als ganze Menschheit.

Vorrede zu den Bunten Steinen

Die Sonne stand an dem wolkenlosen Himmel, aber schon tief gegen Süden, gleichsam als wollte sie für dieses Jahr Abschied nehmen. Die letzte Kraft ihrer Strahlen glänzte noch um manches Gestein und um die bunten Farben des Gestrippes an dem Gesteine. Die Felder waren abgeerntet und umgepflügt, sie lagen kahl den Hügeln und Hängen entlang, nur die grünen Tafeln der Wintersaaten leuchteten hervor. Die Haustiere des Sommerzwanges entledigt, der sie auf einen kleinen Weidefleck gebannt hatte, gingen auf den Wiesen, um das nachsprossende Gras zu genießen, oder gar auf den Saatfeldern umher. Die Wäldchen, die die unzähligen Hügel krönten, glänzten noch in dieser späten Zeit des Jahres entweder goldgelb in dem unversehrten Schmuck des Laubes oder rötlich oder es zogen sich bunte Streifen durch das dunkle bergan klimmende Grün der Föhren empor. Und über allem war doch ein blauer sanfter Hauch, der es milderte, und ihm einen lieben Reiz gab. Besonders gegen die Talrinnen oder Tiefen zu war die blaue Farbe zart und schön. Aus diesem Dufte heraus leuchteten hie und da entfernte Kirchtürme oder schimmerten einzelne weiße Punkte von Häusern. Das Tiefland war von den Morgennebeln befreit, es lag samt dem Hochgebirge, das es gegen Süden begrenzte, überall sichtbar da, und säumte weithin streichend das abgeschlossene Hügelgelände, auf dem wir fuhren, wie eine entfernte duftige schweigende Fabel.

Der Nachsommer

Es ist sonderbar, wie die Abstufung der Dinge, unter denen wir leben, auf den Menschen wirkt. Wie fremd sind uns die Minerale, wie hart, seltsam, abenteuerlich sind uns ihre Farben – das giftige Grün, das Blau, das Braun, das Grau, das heftige Gelb, zum Beispiele am Schwefel – wie unbekannt ist uns ihr Entstehen in dem dunklen Schoße der Erde, wo sie ineinander verwachsen und wunderlich gebildet ruhen und lauschen. Wie näher sind uns schon die Pflanzen, sie sind unsere Gesellschaft über der Erde, der sie wohl noch mit der Wurzel angehören, von der sie aber doch mit ihrem edleren Teile, mit der Krone und mit der Blüte, wegstreben; ihre Nahrung und ihr Wachsen ist wie das unsrige, sie nehmen die irdischen Stoffe in ihre feinen Organe und verwandeln sie in ihr Wesen, und wenn wir gleichwohl nicht begreifen, wie das geschieht, so ist es für unsere Liebe schon genug, daß sie uns hierin verwandt sind; und wie holde sprechen uns ihre Farben gegen die der Minerale an, selbst ihre heftigsten Rot und Gelb und Blau; und wie sanft ist das allgemeine Kleid, das sie antun, das Grün.

Zwei Schwestern

Und zwischen den Stämmen ist die Saat der Granitblöcke ausgebreitet, einige grau, die meisten mit Moos überhüllt, dann scharen sich die Millionen Waldkräuter, die Waldblumen, dann sind die vielfarbigen Schwämme, die Ranken und Verzweigungen der Beeren, die Gesträuche, und es ist manches Bäumchen, das sein junges Leben beginnt. Hie und da blickt ein ruhiges Wässerlein auf oder schießt ein bewegtes durch die Dinge dahin. Wenn draußen das breite Meer des Lichtes war, so ist es hier in lauter Tropfen zersplittert, die in unzähligen Funken in dem Gezweige hängen, die Stämme betupfen, ein Wässerchen wie Silber blitzen machen und auf Moossteinen wie grüne Feuer brennen. Oft, wenn eine Spalte ist, wird das Dunkel des Waldes durch eine glühende Linie geschnitten. Die vielen Tierchen des Waldes regen und bewegen sich, und wenn die auf dem Boden durch ihre Gestalt und Lebensweise ergötzen, so erfreuen die der Höhe durch ihre Laute. Und in alles tönt das ununterbrochene Rauschen der Wässer. Und wenn man fortwandert, ändert sich alles und bleibt doch alles dasselbe. So kann man viele Stunden wandern, und spannt der heilige Ernst des Waldes Gemüter, die seiner ungewohnt sind, anfangs wie zum Schauern an, so wird er doch immer traulicher und ist endlich eine Lieblichkeit wie die draußen, nur eine feierlichere.

Aus dem bayrischen Walde

Die Steine, von denen die Leute in der Gegend glaubten, daß sie alle die nämlichen sind, und wo sie höchstens, wenn einer durch die darauf liegende Erde oder durch das darüber fließende Wasser gefärbt war, sagten: das ist ein brauner, das ist ein schwarzer, unterschied er alle, und erkannte, daß ihrer eine ganze Menge seien, wenn sie so unter dem Gerölle, oder unter dem herabgeschlagenen Getrümmer, oder dem angeschwemmten Geschiebe herumgingen: da war der dichtgesprenkelte Granit, der gelagerte Schiefer, der spielende Serpentin, der glatte Kiesel mit dem zuckerweißen Bruche, wenn man ihn zerschlug, und mehrere andere und wieder andere, besonders der Marmor, der plötzlich, wenn alles grau war oder angeschlemmt, mit einem roten Täfelchen hervor sah, und wenn Muscheln an dem Strande lagen, war die eine so, und die andere anders: gewundene und gerade, flach und tief, es waren bunte, perlglänzende, zerschlagene, verwitterte, die mit den Farben wie ein Regenbogen schimmerten.

Der Waldgänger

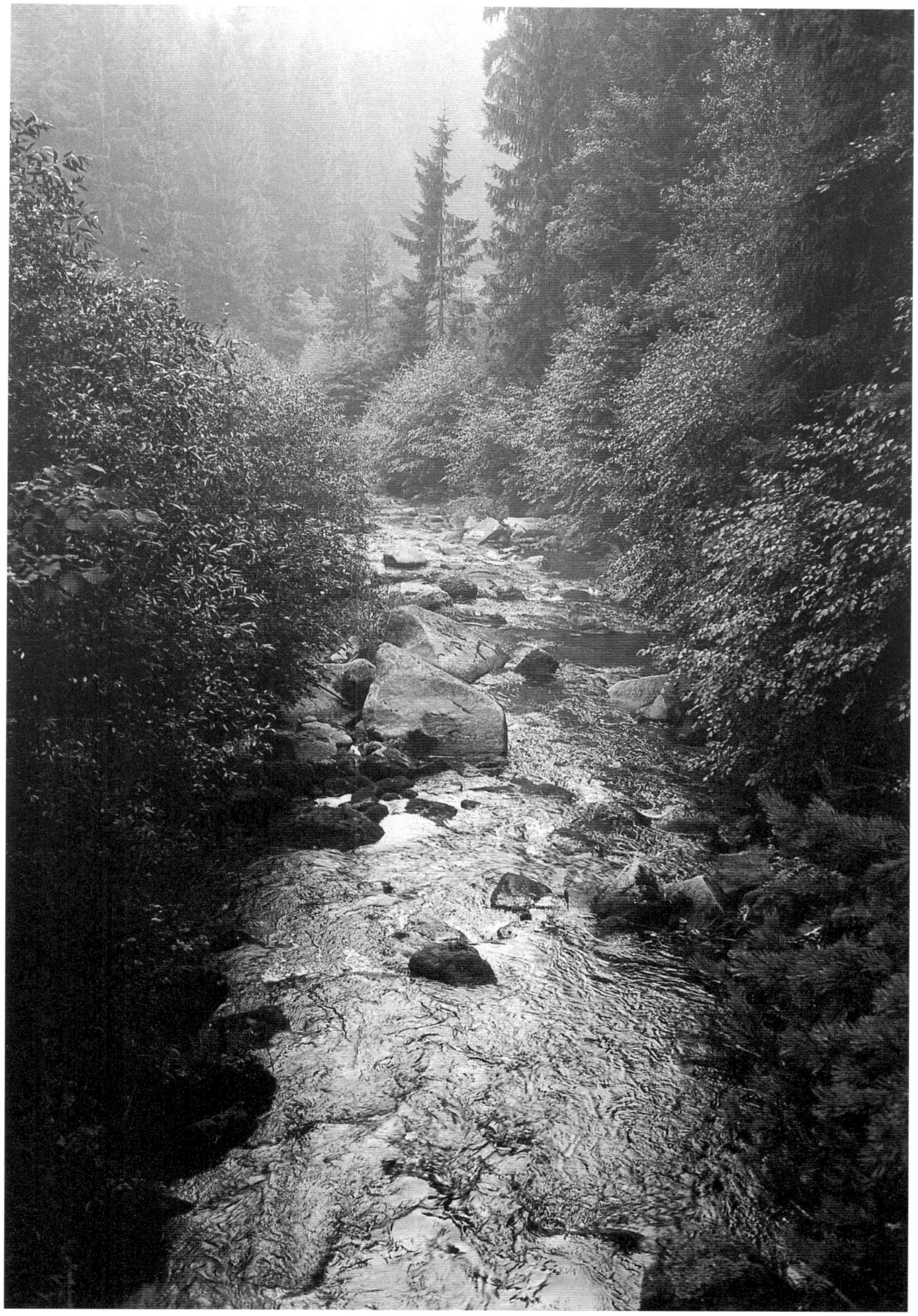

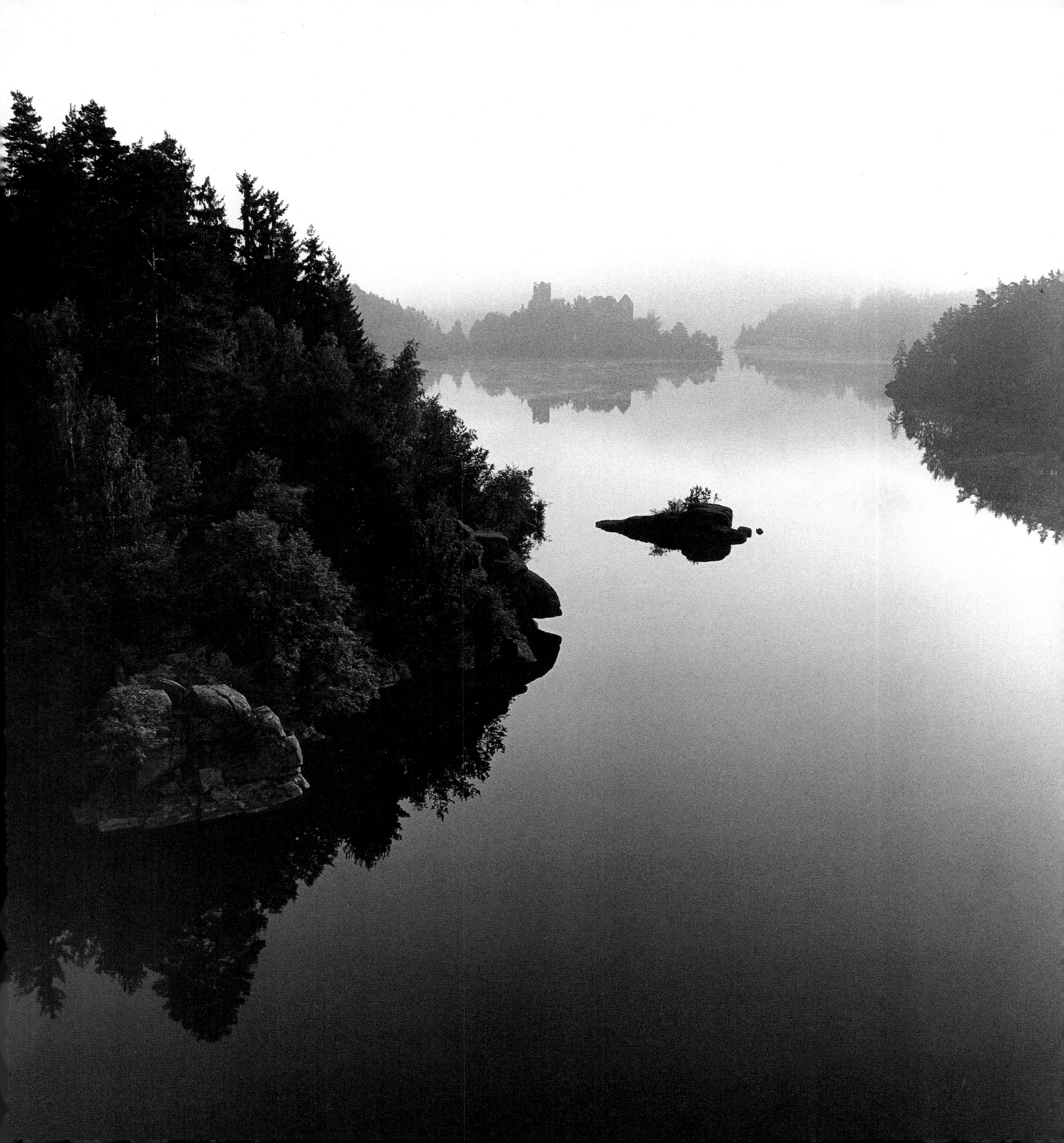

Und dann quillt es irgendwo hervor und macht ein kleines Bächlein, oder in der Steinmulde ein Brünnlein, so hellen Wassers, daß Du nicht weißt, wo die Luft aufhört und das Wasser anfängt, und ein Wasserfädlein rinnt von der Mulde fort, und tausend Wasserfädlein rinnen, und überall rieselt es emsig und still, und das Rieselnde findet sich zusammen, und es rauscht dann in der Tiefe, und die vielen vielen Bäche gehen in die Länder hinab. Und dieses Wasser gibt allen Wesen, selbst den Gräsern, Fröhlichkeit und Gesundheit, was das Wasser in den Ländern draußen, wo allerlei unreiner Boden ist, nicht geben kann. Und die Luft ist in den Höhen, die der Wald einnimmt, schon reiner, weil sie in allen Höhen reiner ist, und sie wird durch das Harz des Waldes und durch das Atmen seiner Millionen Blätter und Nadeln noch anmutiger und balsamreicher, daß sie ebenso Fröhlichkeit und Gesundheit bringt wie das Wasser. Und wer beides, Fröhlichkeit und Gesundheit, verloren hat, der erhält sie wieder, wenn er von diesem Wasser trinkt und von dieser Luft atmet.

DER WALDBRUNNEN

Das Höllwasser mußte zuzeiten seinen Namen recht wohl verdienen, da ein solcher Greuel von Schutt und von Steinen neben mir lag, obwohl es jetzt so schwach und ohnmächtig wie ein Kind in diesen Dingen dahinfädelte, jeden Stein umgehen und in dem feinen Sande sich sein dünnes Rinnsal graben mußte.

ZWEI SCHWESTERN

In unsern Wässern, die braun und glänzend sind, weil sie den Eisenstaub aus den Bergen führen, ist nicht bloß das Eisen enthalten, es glänzet der Sand, als ob er lauter Gold wäre, und wenn man ihn nimmt, und wenn man ihn mit Wasser vorsichtig abschwemmt, so bleiben kleine Blättchen und Körner zurück, die eitel und wirkliches Gold sind. In früheren Jahren haben seltsame Menschen, die weit von der Ferne gekommen sind, das Gold in unsern Bächen gewaschen, und sind reich von dannen gezogen; es haben dann auch mehrere von uns in den Wassern gewaschen, und manches gefunden; aber jetzt ist es wieder vergessen worden, und niemand achtet das Wasser weiter, als daß er sein Vieh darin tränkt.

KATZENSILBER

Das Wasser ist glashell, daß man den Sand und die Steinchen des Grundes heraufschimmern sieht und daß dort, wo es sich etwa still in einem Grunde des Waldes zwischen Steinen sammelt und ruht, die Grenzfläche zwischen Wasser und Luft, wenn man in den Schlund hineinsieht, nicht zu erkennen ist. Weil das Wasser aus einem ungeheuren Granitlager kömmt, hat es fast keine Stoffe in sich gelöst und ist der lieblichste und erquickendste Trank. Mit der edlen Waldluft ist es ein gesundheitsfreundliches Ding, wie man nur immer eines zu finden vermag.

Aus dem bayrischen Walde

Überall, wo man in den reizenden Gefilden herumgeht, und es sind der Wanderwege unzählige, einer lieblicher als der andere, zieht die Würde des Waldes den Blick an sich, und die Gegend, deren Anmut man vielleicht auch anderwärts anträfe, erhält durch diese Würde erst ihre Erhabenheit. An den Wänden des Waldes rinnen allwärts Quellen herab und strömen in den tiefen, mitunter sehr scharfen Schluchten, die zwischen den weichen Kissen und Matten sind, dahin, so daß man an stillen Abenden durch die offenen Fenster das Rauschen in die Zimmer hört.

Aus dem bayrischen Walde

Es ist ein großer, sonderbarer Anblick, dieses merkwürdige Geschlecht im ganzen zu überschauen – wie es sich immer und immer geändert hat und immer zu größerer Vollkommenheit zu gehen vermeinte. Wie mag es in den Millionen künftiger Jahre sein, wohin unser befangener Blick nicht zu dringen vermag – wer kann es wissen? Wenn man mit seinem Fühlen und Denken außer der Gegenwart steht und von ihr nicht fortgerissen wird, so hastet alles in Unruhe, in Begehren und in Leidenschaft vorüber – manches schöne, edle Herz lächelt uns an, daß man es liebt und an sich drücken möchte; aber es geht auch vorüber: – wenn man dann die Natur betrachtet, wie die Geselligkeit der Pflanzen über alle Berge dahinliegt, wie die Wolken ziehen, wie das Wasser rieselt und das Licht schimmert – welch ein Treiben jenes, welch ein Bleiben dieses! Durch die Natur wird das Herz des Menschen gemildert und gesänftigt.

Zwei Schwestern

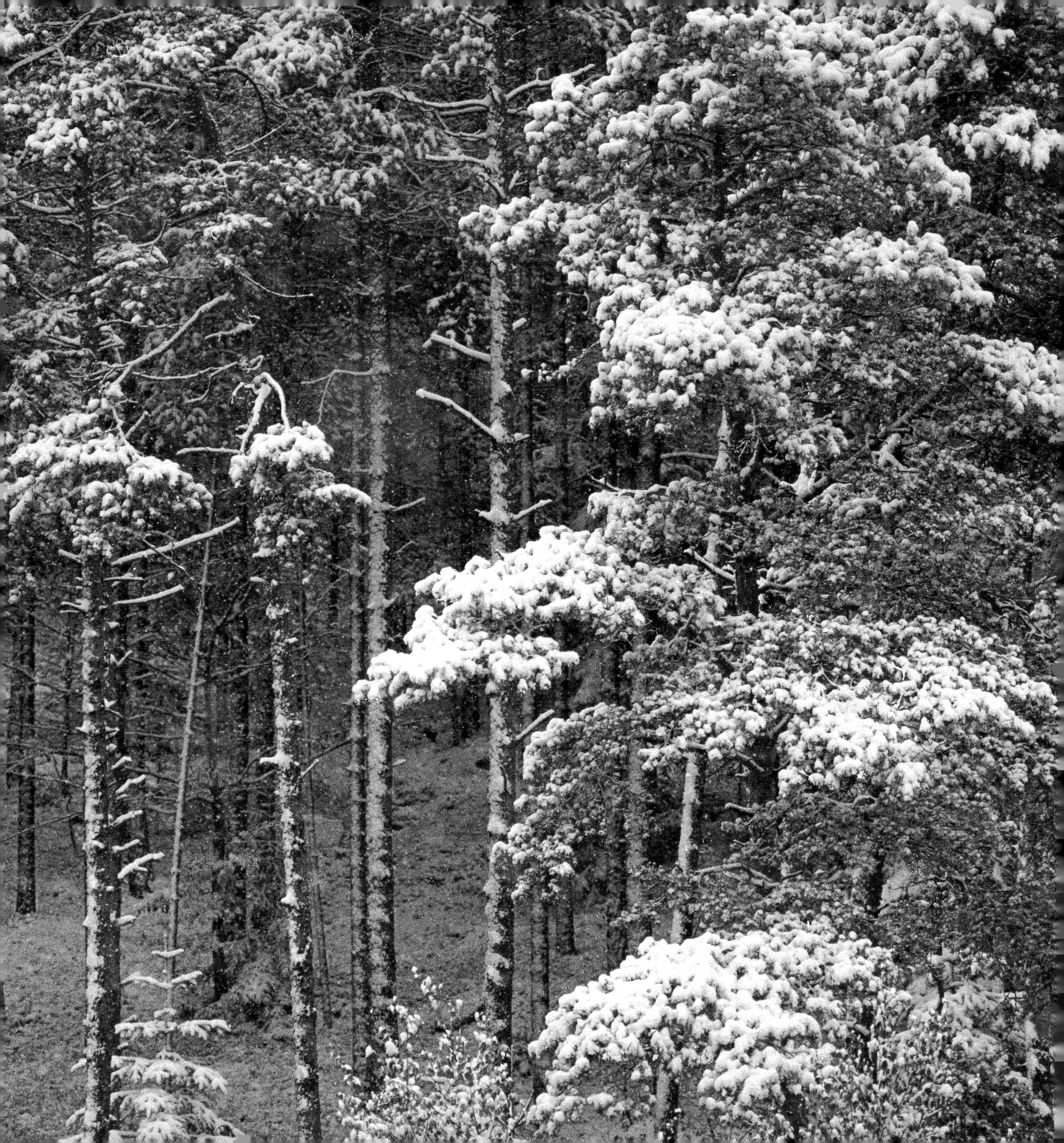

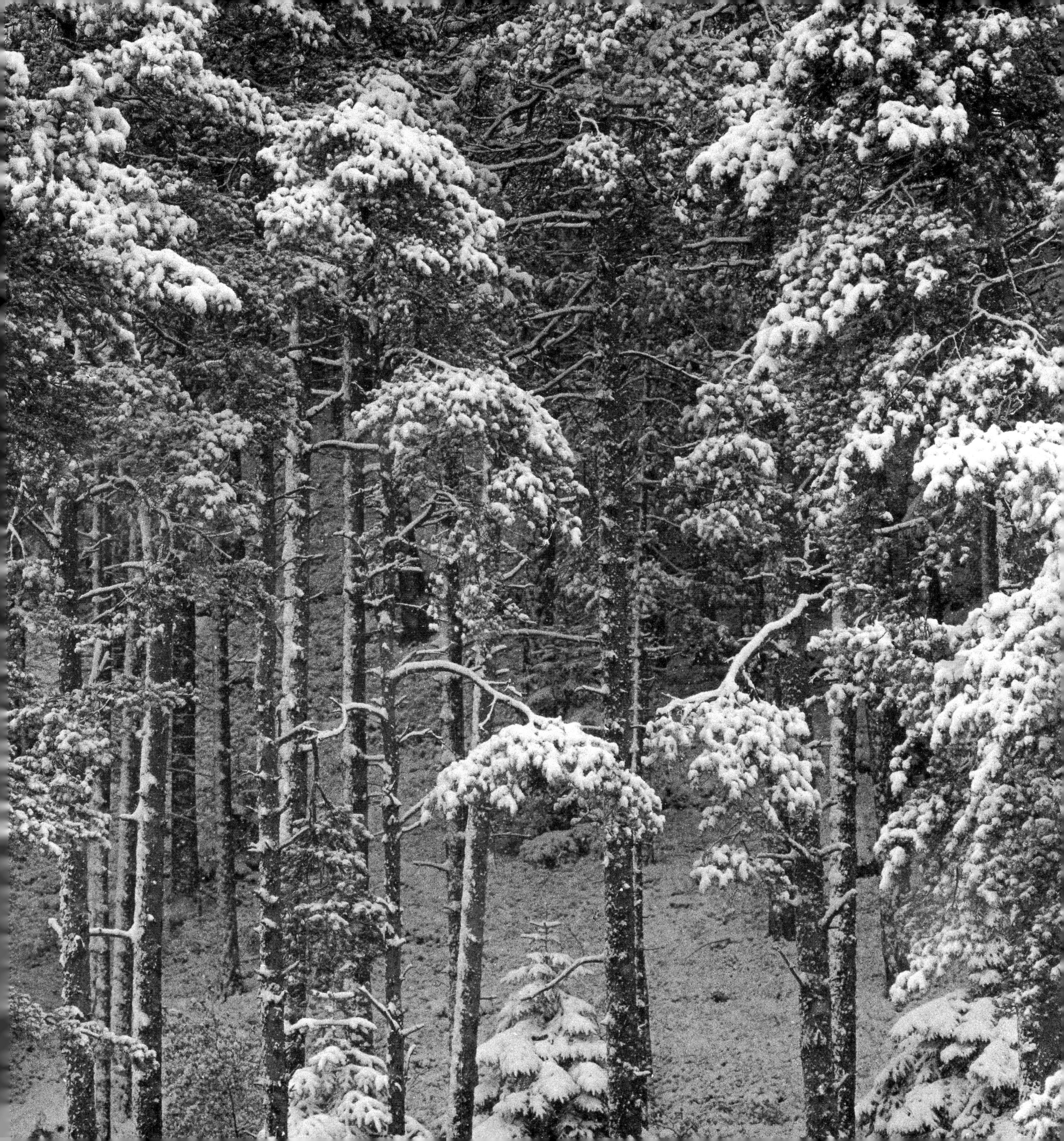

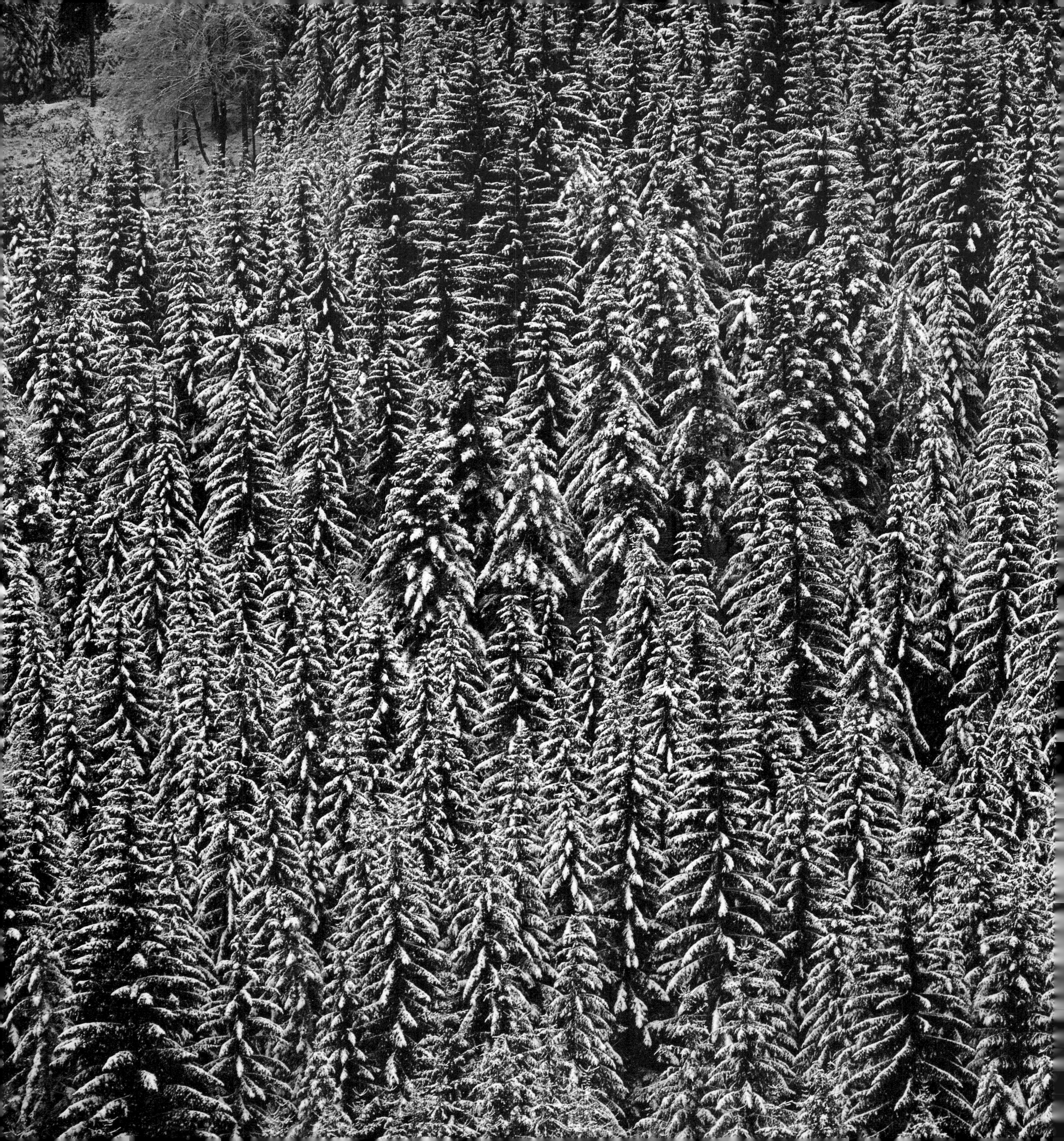

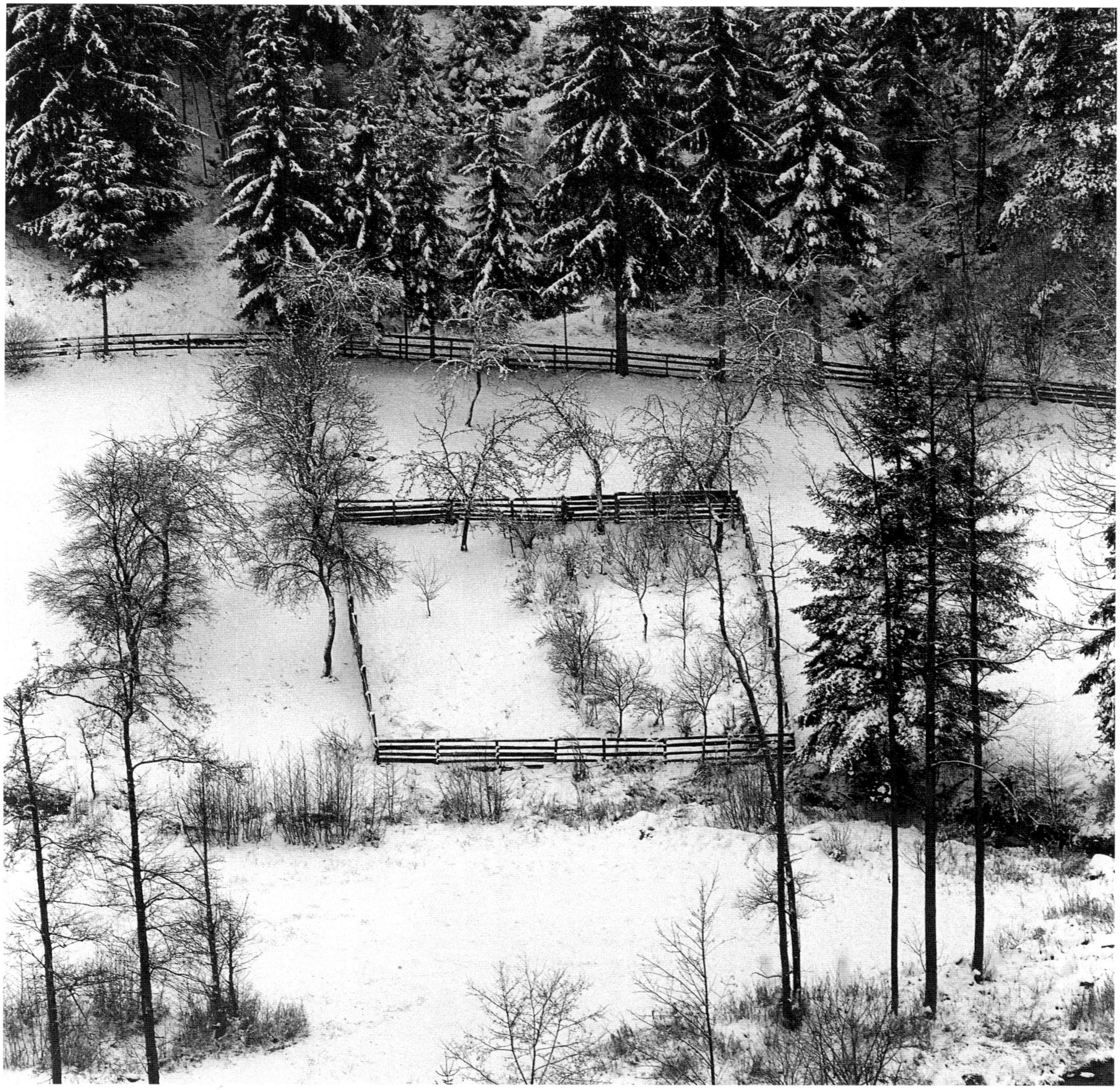

So verging nach und nach der Sommer, und es folgte kein so gelinder Winter, wie der vorige, sondern ein so harter, daß sich selbst die ältesten Leute nicht erinnerten, einen solchen je erlebt zu haben. Die Schneelasten drückten auf die Tannenäste, daß oft starke Bäume unter dem Drucke krachend zerbrachen, die Schlünde, die Steinmassen, und auch die Wege waren hoch überfüllt..
Nur große Stücke Eises, die eine vorhergegangene Überflutung aufgestellt und getürmt hatte, standen, wie die anderen Steine und Blöcke, die auf dem Lande sind, da, und waren mit weißen ungestalten Hüllen bedeckt, wie jene; übrigens war keine Bewegung an der Stelle, an welcher sonst ein unaufhörliches Rieseln und Regnen war. Die in der Gegend herum gestreuten Häuschen waren in den vielen Schnee geduckt, ragten nur als kleine weiße Erhöhungen hervor, und hatten dünne blaue Rauchsäulen, die in dem allgemeinen Reife, der allüberall war, schnurgerade emporstiegen.

DER WALDGÄNGER

Es wurde nach dem großen Schneefalle auch so kalt, wie man es je kaum erlebt hatte. Auf einer Seite war es gut; denn der tiefe Schnee fror so fest, daß man über Stellen und über Schlünde gehen konnte, wo es sonst unmöglich gewesen wäre; aber auf der andern Seite war es auch schlimm; denn die Menschen, welche viel gingen, ermüdet wurden und unwissend waren, setzten sich nieder, gaben der süßen Ruhe nach und wurden dann erfroren gefunden, wie sie noch saßen, wie sie sich nieder gesetzt hatten. Vögel fielen von den Bäumen, und wenn man es sah und sogleich einen in die Hand nahm, war er fest wie eine Kugel, die man werfen konnte.

AUS DER MAPPE MEINES URGROSSVATERS

Als alles vorüber war und wieder der blaue und klare Winterhimmel über der Menge von Weiß stand, hörten wir oft in der Totenstille, die jetzt eintrat, wenn wir an den Hängen hinunter fuhren, in dem Hochwalde oben ein Krachen, wie die Bäume unter ihrer Last zerbrachen und umstürzten. Leute, welche von dem jenseitigen Lande über die Schneide herüber kamen, sagten, daß in den Berggründen, wo sonst die kleinen, klaren Wässer gehen, so viel Schnee liege, daß die Tannen von fünfzig Ellen und darüber nur mit den Wipfeln heraus schauen.

AUS DER MAPPE MEINES URGROSSVATERS

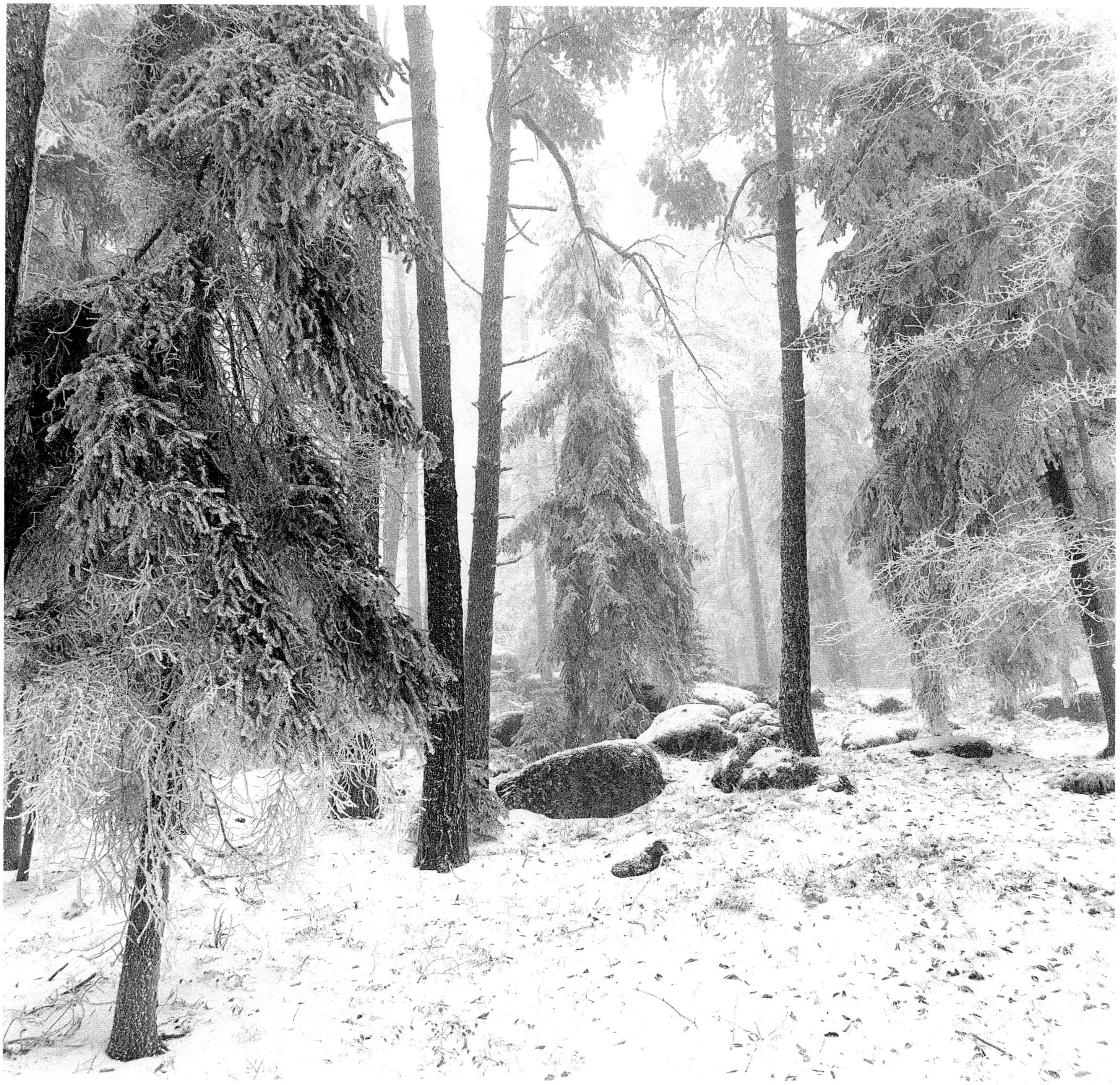

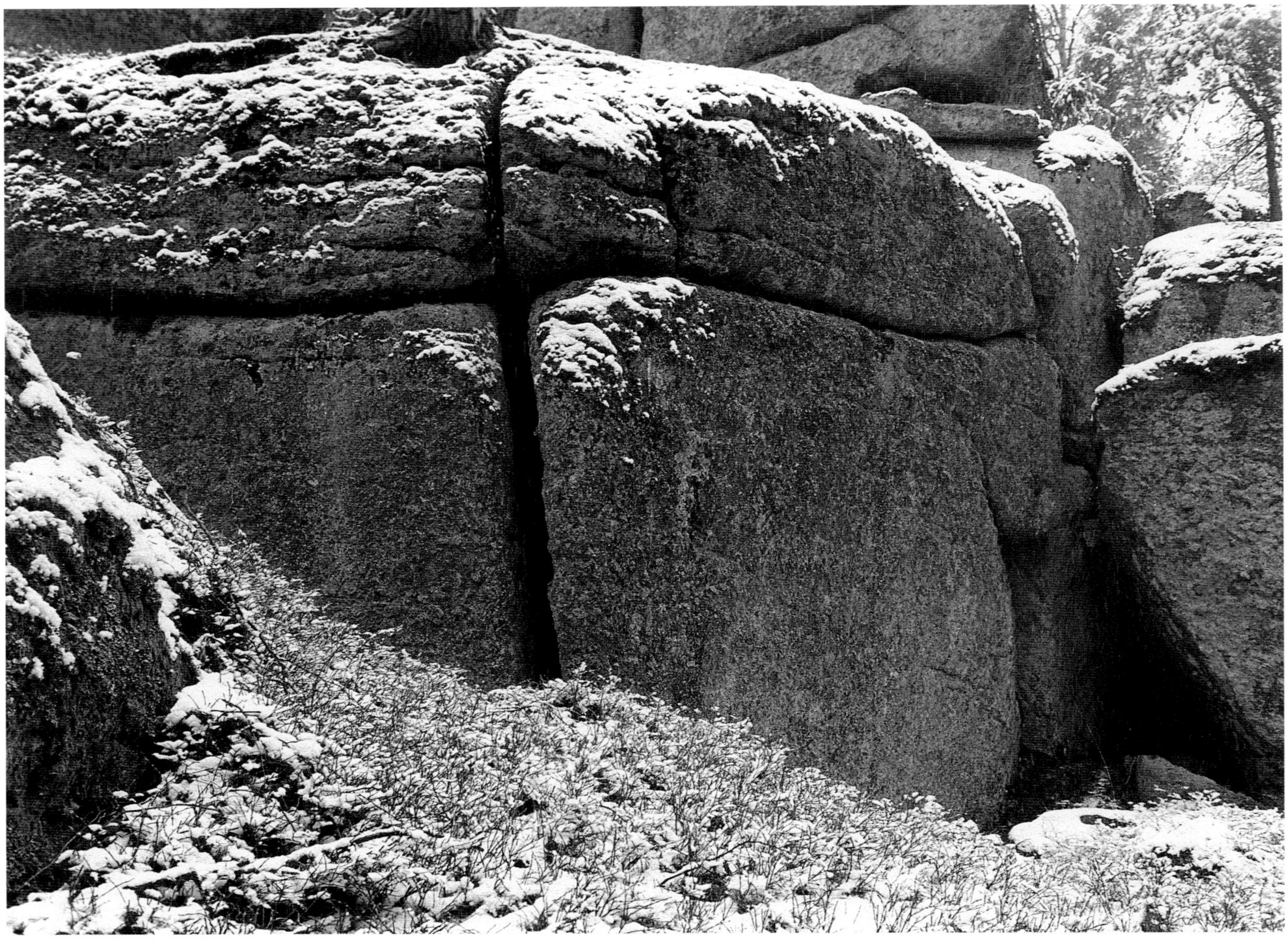

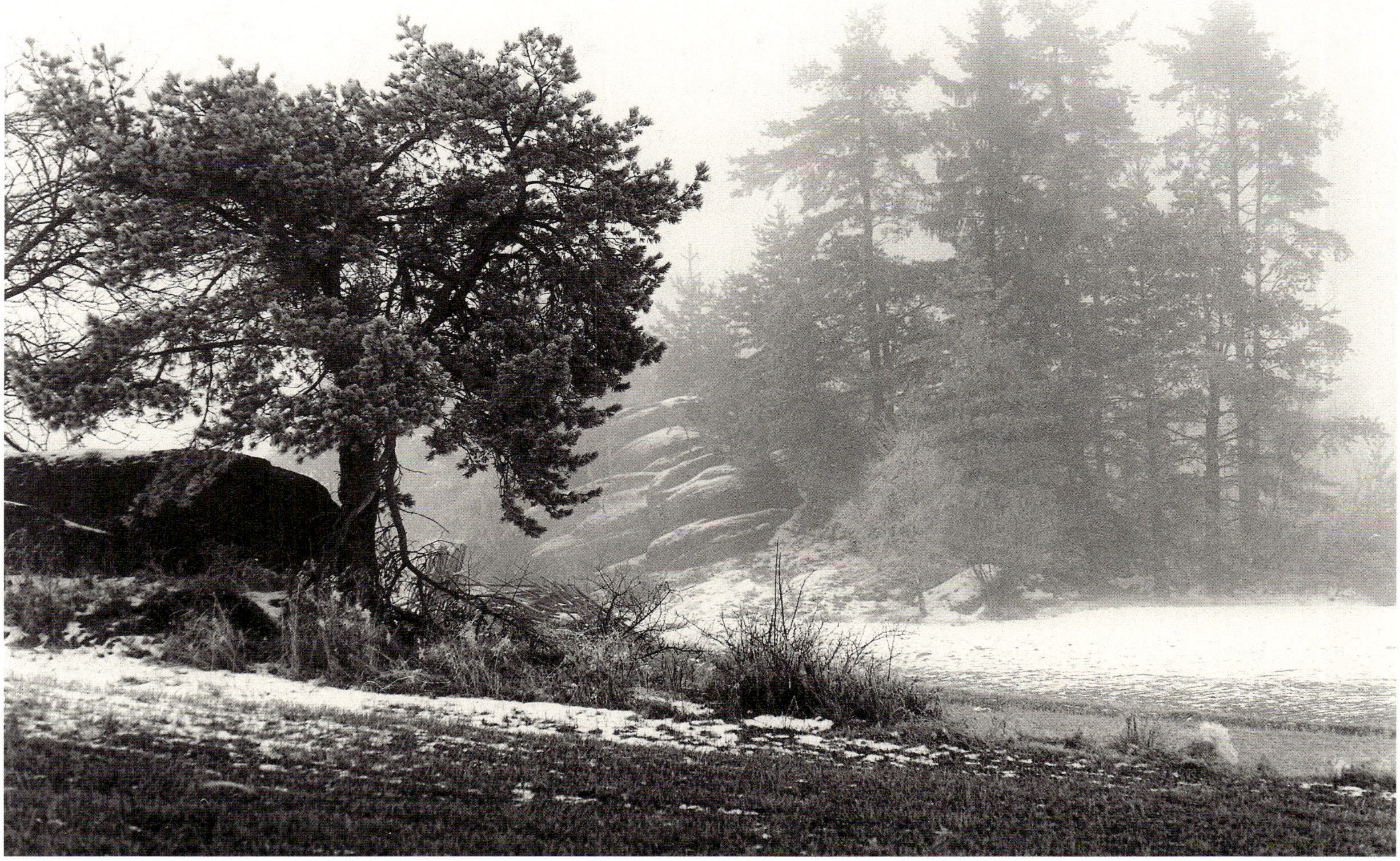

Einer Erscheinung muß ich besonders gedenken. Im späten Herbste und im frühen Winter liegt oft der Nebel wochenlang, zuweilen noch länger, auf der Ebene, während auf dem Berge heller, warmer Sonnenschein ist. Dann zeigt sich ein Schauspiel eigener Art. Die Grenze des Nebels ist waagrecht wie die Ebene eines Tisches. Gegen Ungarn und gegen Bayern hin ist sie von dem blauen Himmel gesäumt, gegen Steiermark hin von den Alpen. Ehe die Sonne aufgeht, ist die Oberfläche des ungeheuer hingedehnten Nebels bleigrau, wenn die Sonne aufgegangen ist, wird sie rosenrot, später aber schimmert sie den ganzen Tag wie funkelndes geschmolzenes Silber, an dessen Rande das scharfe Blau der Alpen steht, und wenn der Vollmond scheint, ist ein geisterhafter milder Glanz über die riesige Masse ausgegossen. Sind an einem Tag Wolken an dem Himmel, so legen sie blaue Schatteninseln auf das Silber, und es wird durch sie noch großartiger und lebendiger, und die Fläche scheint ausgedehnter zu sein. Außer dem Meere habe ich nie etwas Schöneres auf der Erde gesehen.

Winterbriefe aus Kirchschlag

Über dem ganzen Mühlkreise, der mit den vielen vereinzelten Streifen seiner Wäldchen und den vielen dazwischen liegenden Feldern, die bereits gepflügt waren, und deren Scholle durch das lange schöne Wetter fahl geworden, bis in die tiefere Färbung der böhmischen Höhen zurück geht, stand schon eine dunkelgraue Wolkendecke, deren einzelne Teile auf ihrer Überwölbung die Farbe des Bleies hatten, auf der Unterwölbung aber ein zarteres Blau zeigten, und auf die mannigfaltigen zerstreuten Wälder bereits ihr Düster herab warfen, daß sie in dem ausgedorrten Grau der Felder wie dunkelblaue Streifen lagen, bis ganz zurück der noch dunklere und noch blauere Rand des Böhmerwaldes sich mit dem Grau der Wolken mischte, daß seine Schneidelinie ununterscheidbar in sie verging. Neben dem Beschauer säuselten und rauschten schon die einzelnen dürren Halme des Heckengrases von dem Windchen erregt, das sich nach so langer stiller Zeit erhob, und den Umschwung der Dinge verkündete. Auf dem wärmeren Tieflande, das gegen Mittag ist, und auf dem ganzen Gürtel des glänzenden Hochgebirges der Alpen, wodurch es am Rande beschlossen wird, lag noch der helle, leuchtende Sonnenschein, als würde erst später über jene gesegneten Länder das traurige Naßkalt des späten Herbstes hereinbrechen.

Der Waldgänger

Wenn man die Herrlichkeiten preist, in welche es gleichsam wie ein Juwel gefaßt ist, so hat man gewöhnlich jene Gebirgslandschaften vor Augen, in denen der Fels luftblau empor strebt, die grünen Wässer rauschen und der dunkle Blick der Seen liegt: wer sie einmal gekannt und geliebt hat, der denkt mit Freuden an sie zurück, und ihr heiteres Bild mit dem duftigen Dämmern und dem funkelnden Glänzen steht in der Heiterkeit seiner Seele – aber es gibt auch andere, unbedeutendere, gleichsam schwermütig schöne Teile, die abgelegen sind, die den Besucher nicht rufen, ihn selten sehen, und wenn er kömmt, ihm gerne weisen, was im Umkreise ihrer Besitzungen liegt: wer sie einmal gekannt und geliebt hat, der denkt mit süßer Trauer an sie zurück, wie an ein bescheidenes liebes Weib, das ihm gestorben ist, das nie gefordert, nie geheischt, und ihm alles gegeben hat.

Der Waldgänger

Es war da ein etwas erhabener Punkt, an dem sich das graue Gestein, auch ein Mitbesitzer der Heide, reichlicher vorfand und sich gleichsam emporschob, ja sogar am Gipfel mit einer überhängenden Platte ein Obdach und eine Rednerbühne bildete. Auch der Wacholder drängte sich dichter an diesem Orte, sich breitmachend in vielzweigiger Abstammung und Sippschaft nebst manch schönblumiger Distel.
Bäume aber waren gerade hier weit und breit keine, weshalb eben die Aussicht weit schöner war als an andern Punkten, vorzüglich gegen Süden, wo das ferne Moorland, so ungesund für seine Bewohner, so schön für das entfernte Auge, blauduftig hinausschwamm in allen Abstufungen der Ferne.

Das Heidedorf

Wenn man der Straße folgend an jener Linie anlangt, wo Österreich und das böhmische Land aneinander stoßen, trifft man auf schlechte, kahle Feldstücke, dem einstigen Walde abgerungen, dazwischen sind nasse Wiesen, und die einzelnen beinahe schwarzdunklen Waldballen, gleichsam stehen gebliebene Tropfen von dem zerworfenen Strome. Dann geht man über einen kahlen Hügel, die höchste Höhe, auf welchem Heidegras wächst, die Preißelbeeren und einzelne vom Sturme und vom Winter hart verknotete Föhren stehen.

Der Waldgänger

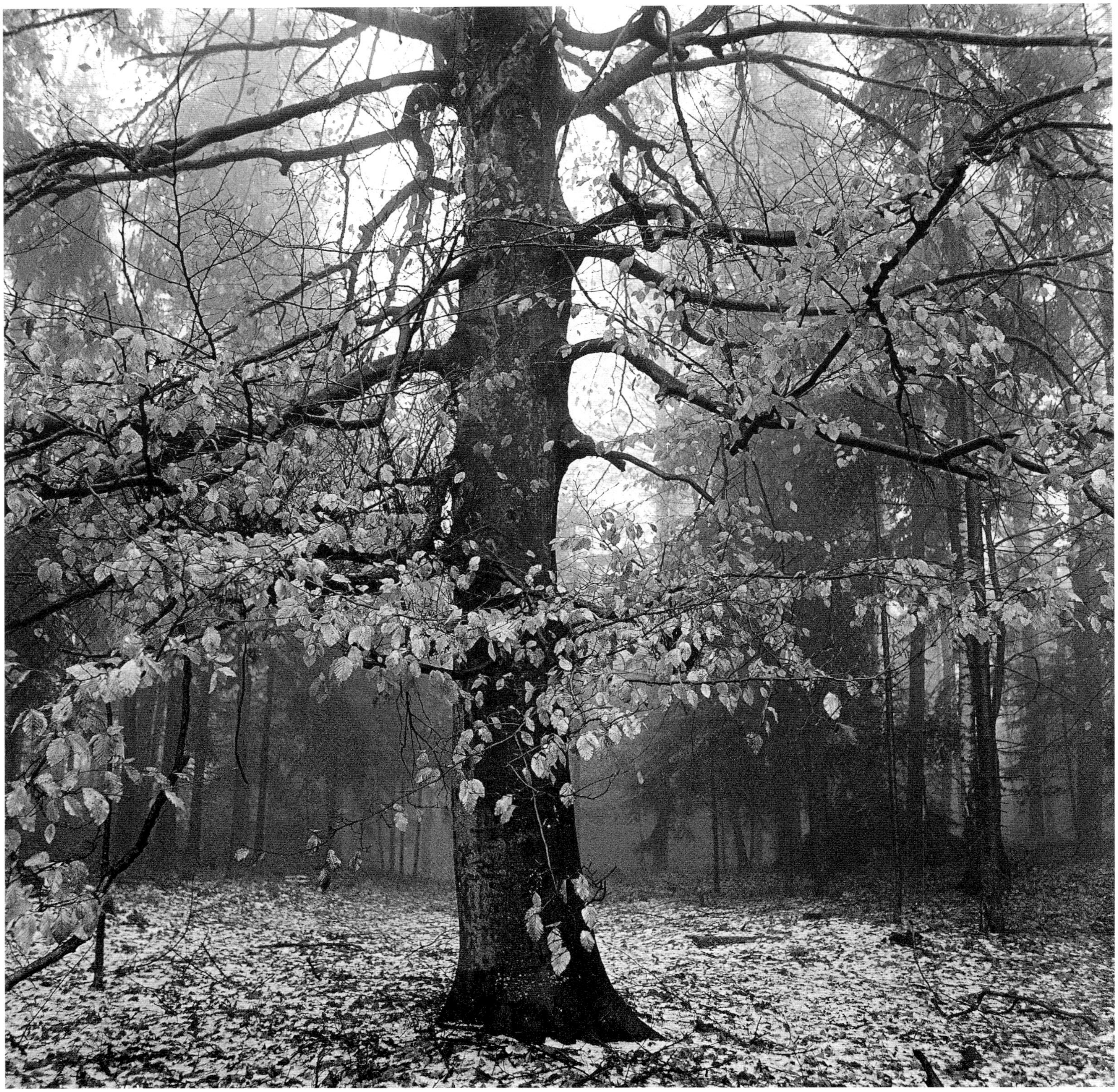

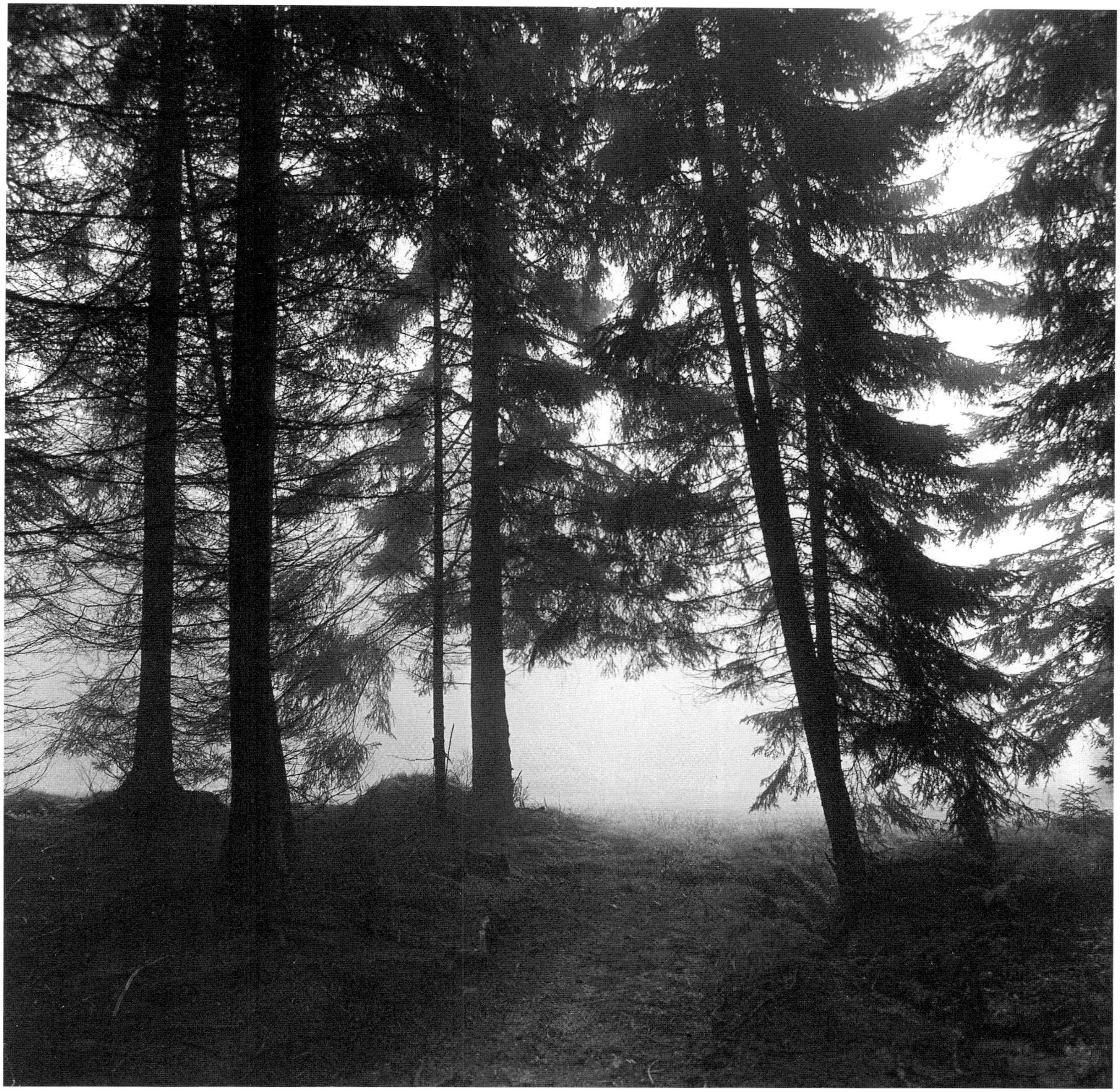

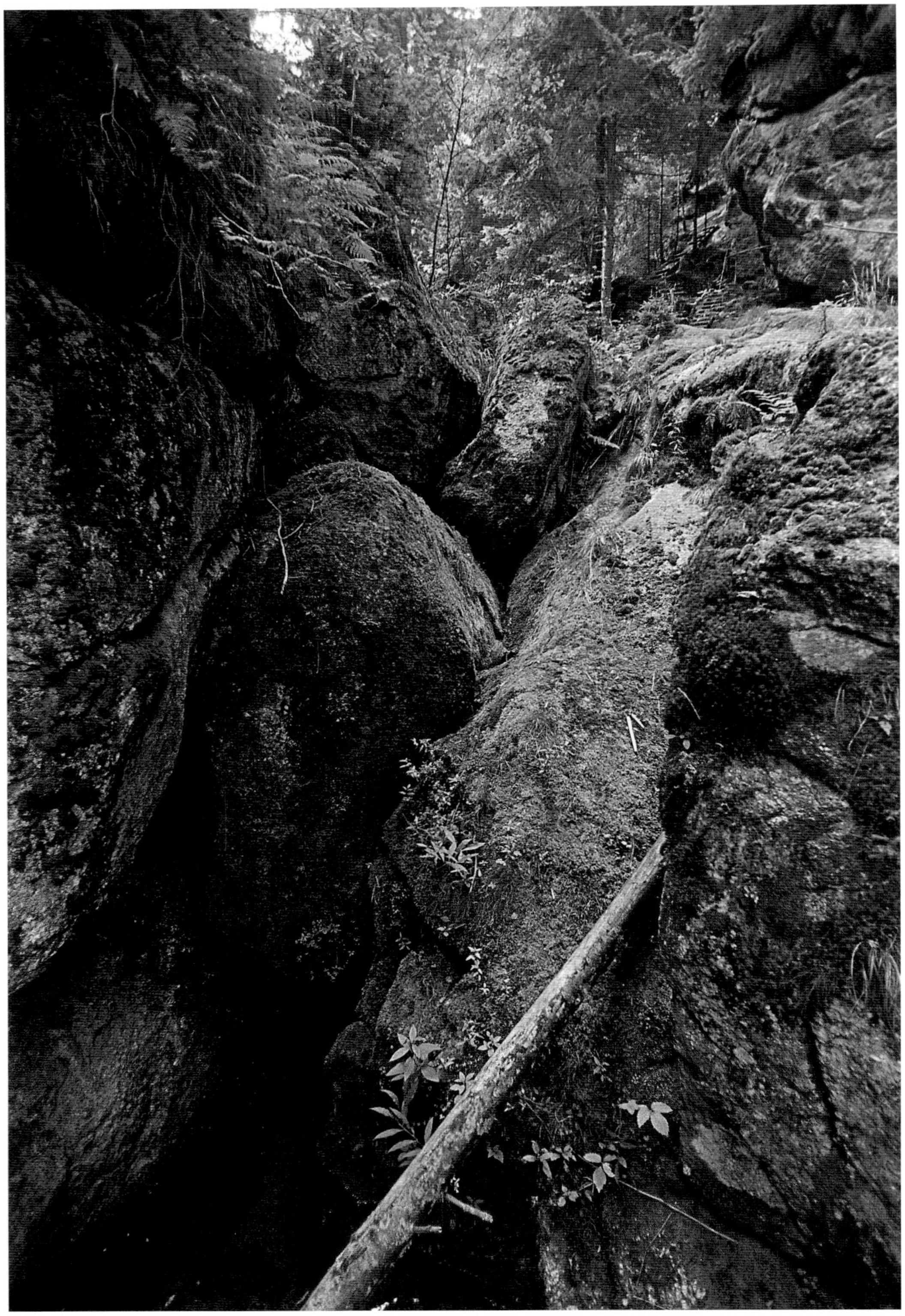

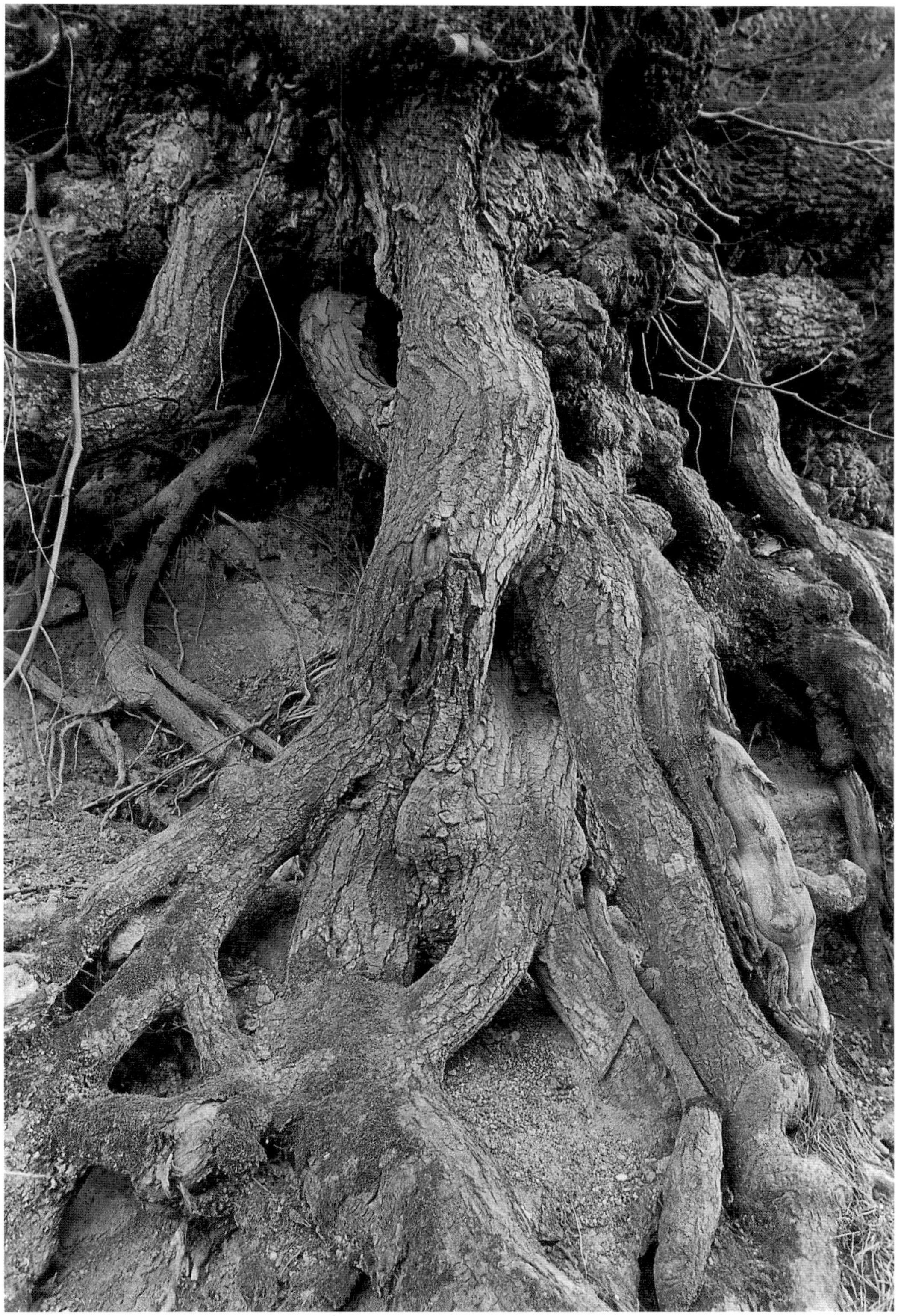

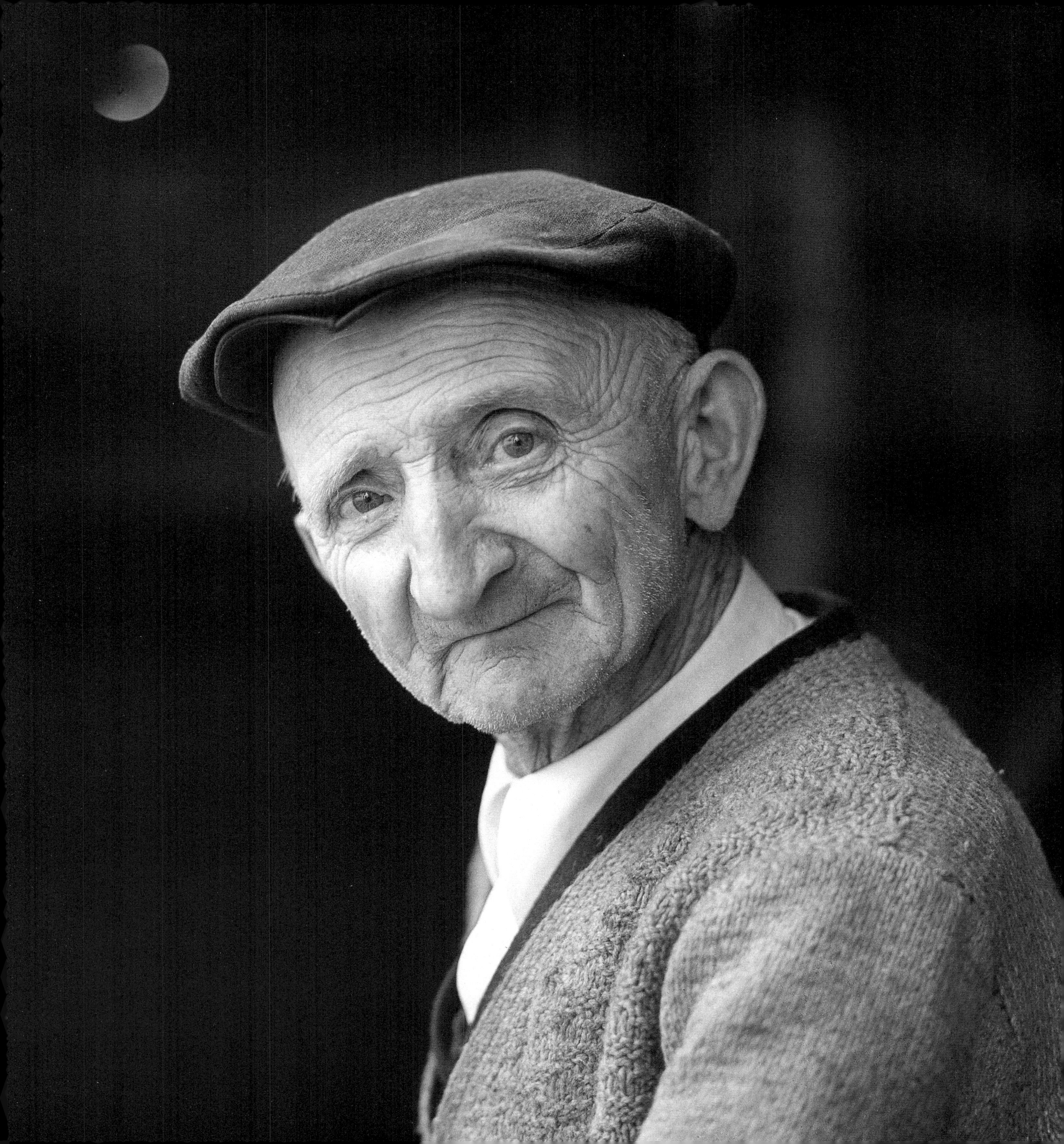

Nirgends aber sind solche klare Spätherbsttage schöner als in unseren nördlichen Hochlanden. Während nicht selten in der Tiefe Morgennebel liegen, ja der Strom täglich in seinem Tale morgens den Nebelstreifen führt, schaut auf die Häupter des Hochlandes der wolkenlose Himmel herab, und geht über sie eine reine Sonne auf, die sie auch den ganzen Tag hindurch nicht verläßt. Darum ist es auch in dieser Jahreszeit in den Hochlanden verhältnismäßig warm, und während die rauhen Nebel in der Tiefgegend schon die Blätter von den Obstbäumen gestreift haben, prangt oben noch so mancher Birkenwald mancher Schlehenstrauch manches Buchengehege mit seinem goldenen und roten Schmucke. Nachmittags ist dann gewöhnlich auch die Aussicht über das ganze Tiefland deutlicher als je zu irgend einer Zeit im Sommer.

DER NACHSOMMER

Wenn an einem Morgen Regen bevorsteht und die Luft so klar ist, daß man die Dinge in keinem färbenden Dufte, sondern in ihrer einfachen Natürlichkeit sieht, so erblickt man zuweilen im Südost über der schmalsten Waldlinie die Norischen Alpen, so weit und märchenhaft draußen schwebend wie mattblaue, starr gewordene Wolken. Gewöhnlich überzieht sich an solchen Tagen gegen Mittag hin der ganze über dem Waldlande stehende Himmel mit einer stahlgrauen Wolkendecke und läßt nur über den Alpen einen glänzenden Strich zum Zeichen, daß in dem niedriger gelegenen Österreich noch heiter Sonnenschein herrscht. Am andern Tage rieselt dann der feine, dichte Regen nieder und verhüllt nicht nur die Alpen, sondern auch die umgebenden blauen Bänder des Waldes.

DER BESCHRIEBENE TÄNNLING

Und die alte Ruhe war wieder über dem Walde. – Zuweilen, wenn das silberne Schiff, die Wolke, einzeln durch die Bläue zieht, so geht unten ein Schatten über den Wald, und dann steht wieder dasselbe feste Licht auf seiner ganzen Breite – oder wenn das Stahlgrau des Spätherbstes fest über die ganze Himmelskuppel gegossen liegt, so tritt ein Sonnenstrahl heraus und küsset aus dem fernen Buchenhange ein goldnes Fleckchen, das gegen den Rand zieht und von ihm unsichtbar in die Luft tritt, nachher ist dasselbe Grau über alle Weiten.

DER HOCHWALD

An den Zäunen, an den Strunken von Obstbäumen und an den Rändern der Dächer hing unsägliches Eis. An mehreren Planken waren die Zwischenräume verquollen, als wäre das Ganze in eine Menge eines zähen Stoffes eingehüllt worden, der dann erstarrte. Mancher Busch sah aus wie viele ineinander gewundene Kerzen oder wie lichte, wässerig glänzende Korallen.. Auf dem Raine sahen wir einen Weidenbaum gleißend stehen, und seine zähen, silbernen Äste hingen herab, wie mit einem Kamme niedergekämmt. Den Waldring, dem wir entgegenfuhren, sahen wir bereift, aber er warf glänzende Funken und stand wie geglättete Metallstellen von dem lichten, ruhigen, matten Grau des Himmels ab.

AUS DER MAPPE MEINES URGROSSVATERS

Wir sahen vor uns eine sehr schlanke Fichte zu einem Reife gekrümmt stehen und einen Bogen über unsere Straße bildend, wie man sie einziehenden Kaisern zu machen pflegt. Es war unsäglich, welche Pracht und Last des Eises von den Bäumen hing. Wie Leuchter, von denen unzählige umgekehrte Kerzen in unerhörten Größen ragten, standen die Nadelbäume. Die Kerzen schimmerten alle von Silber, die Leuchter waren selber silbern und standen nicht überall gerade, sondern manche waren nach verschiedenen Richtungen geneigt.

AUS DER MAPPE MEINES URGROSSVATERS

Nach dem vielen Schneefalle und während der Kälte war es immer schön, es war immer blauer Himmel, morgens rauchte es beim Sonnenaufgange von Glanz und Schnee, und nachts war der Himmel dunkel wie sonst nie, und es standen viel mehr Sterne in ihm als zu allen Zeiten. Dies dauerte lange – aber einmal fiel gegen Mittag die Kälte so schnell ab, daß man die Luft bald warm nennen konnte, die reine Bläue des Himmels trübte sich, von der Mittagseite des Waldes kamen an dem Himmel Wolkenballen, gedunsen und fahlblau, in einem milchigen Nebel schwimmend, wie im Sommer, wenn ein Gewitter kommen soll – ein leichtes Windchen hatte sich schon früher gehoben, daß die Fichten seufzten und Ströme Wassers von ihren Ästen niederflossen. Gegen Abend standen die Wälder, die bisher immer bereift und wie in Zucker eingemacht gewesen waren, bereits ganz schwarz in den Mengen des bleichen und wässerigen Schnees da.

AUS DER MAPPE MEINES URGROSSVATERS

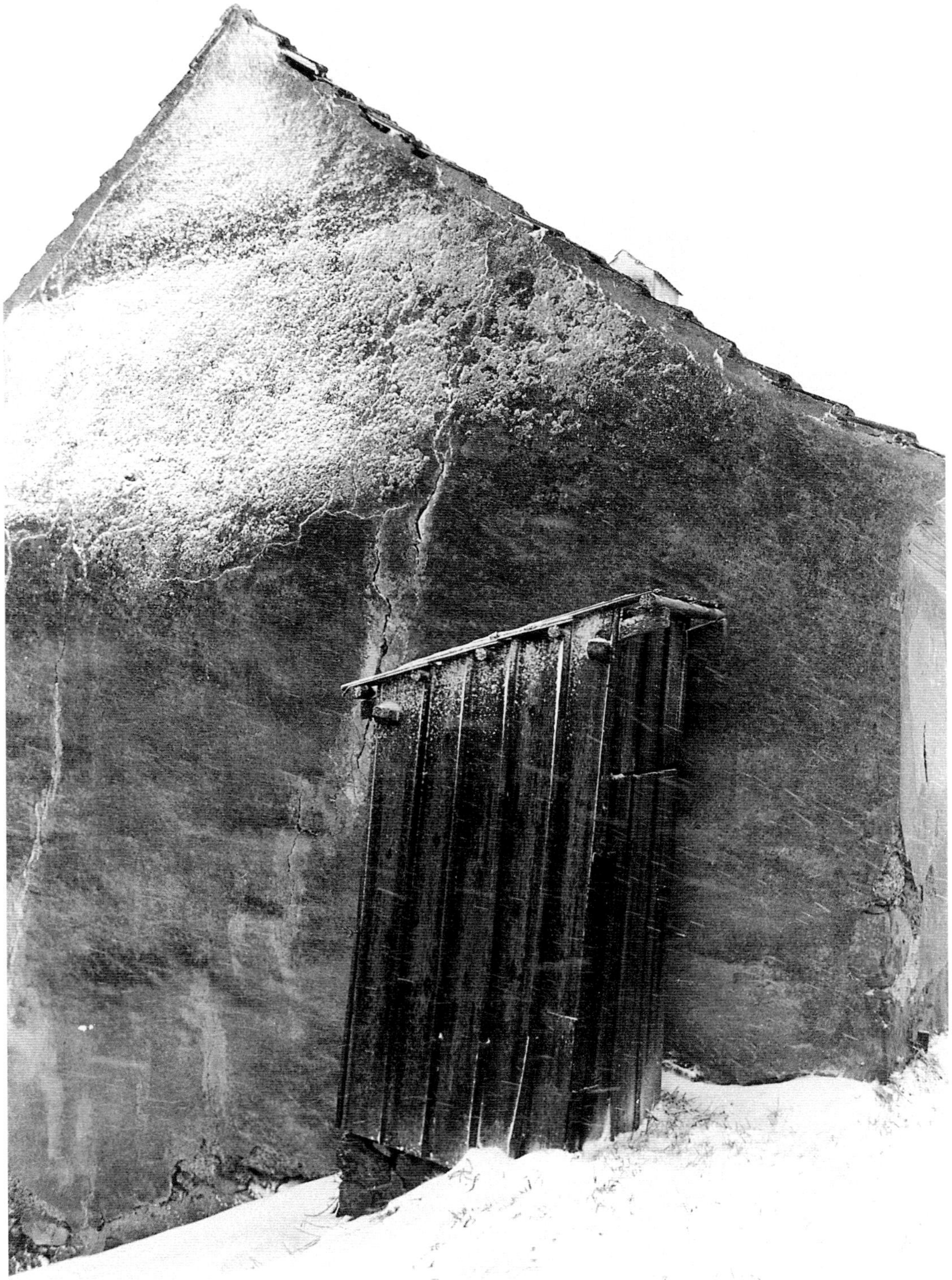

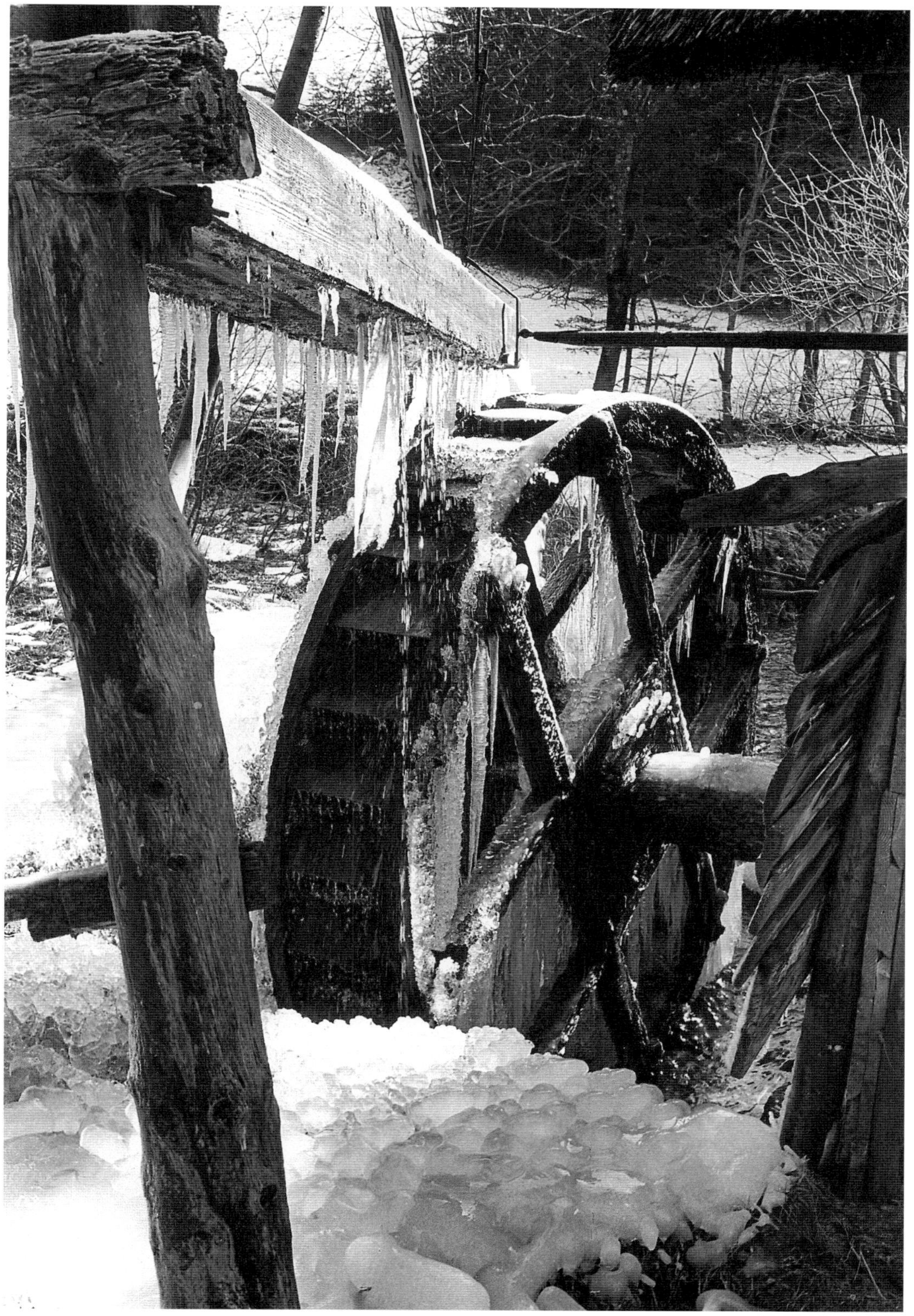

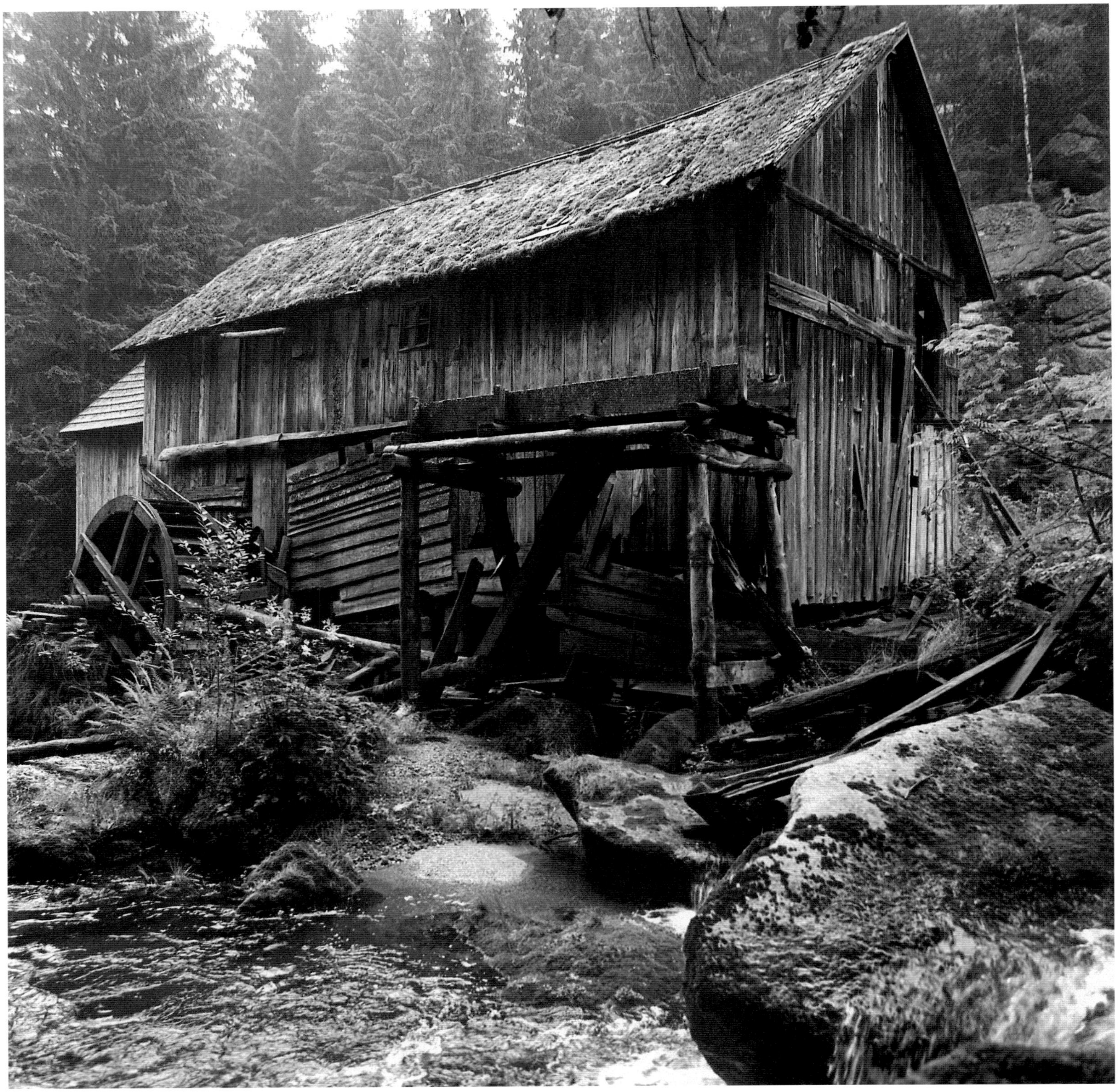

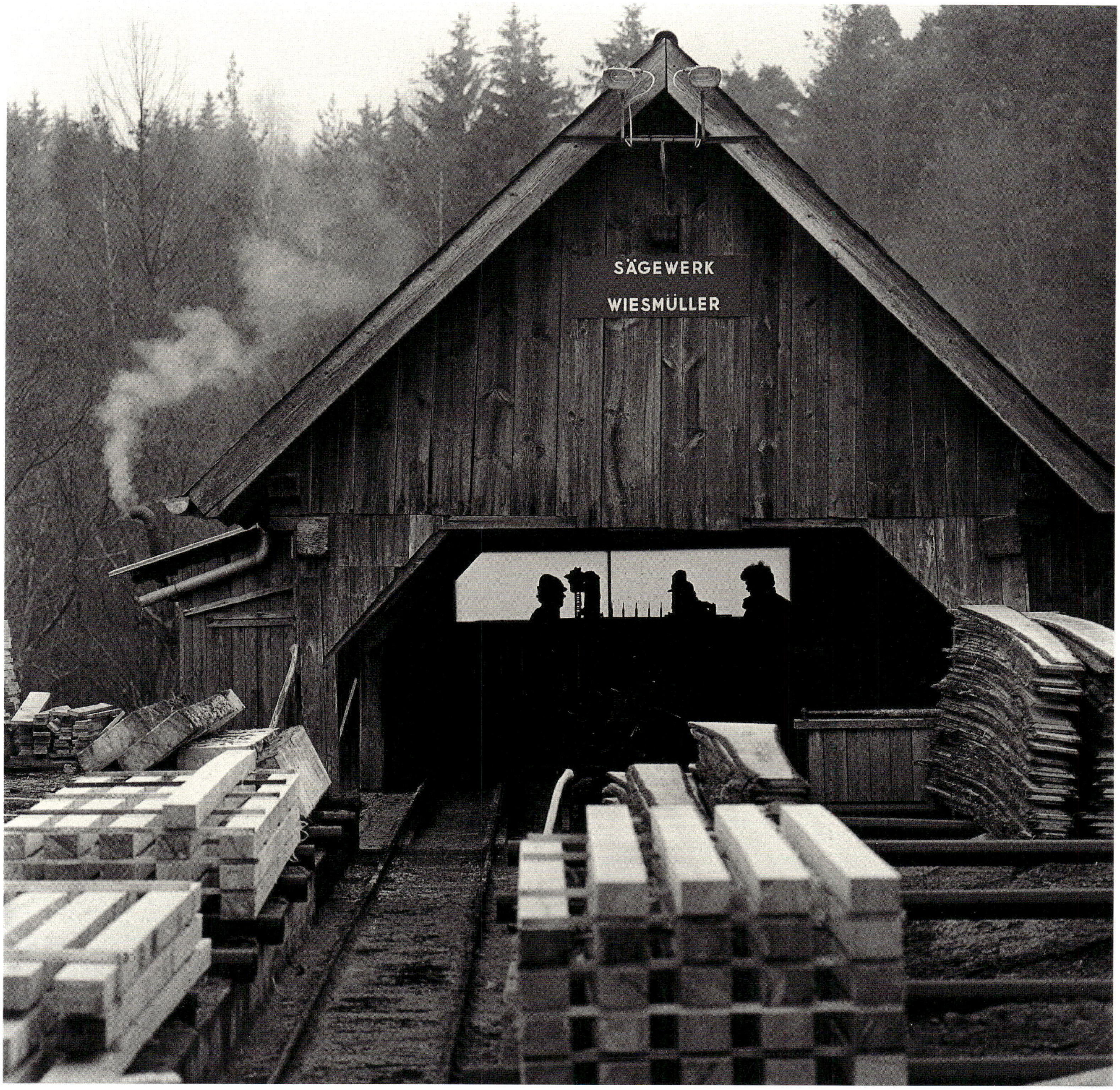
SÄGEWERK
WIESMÜLLER

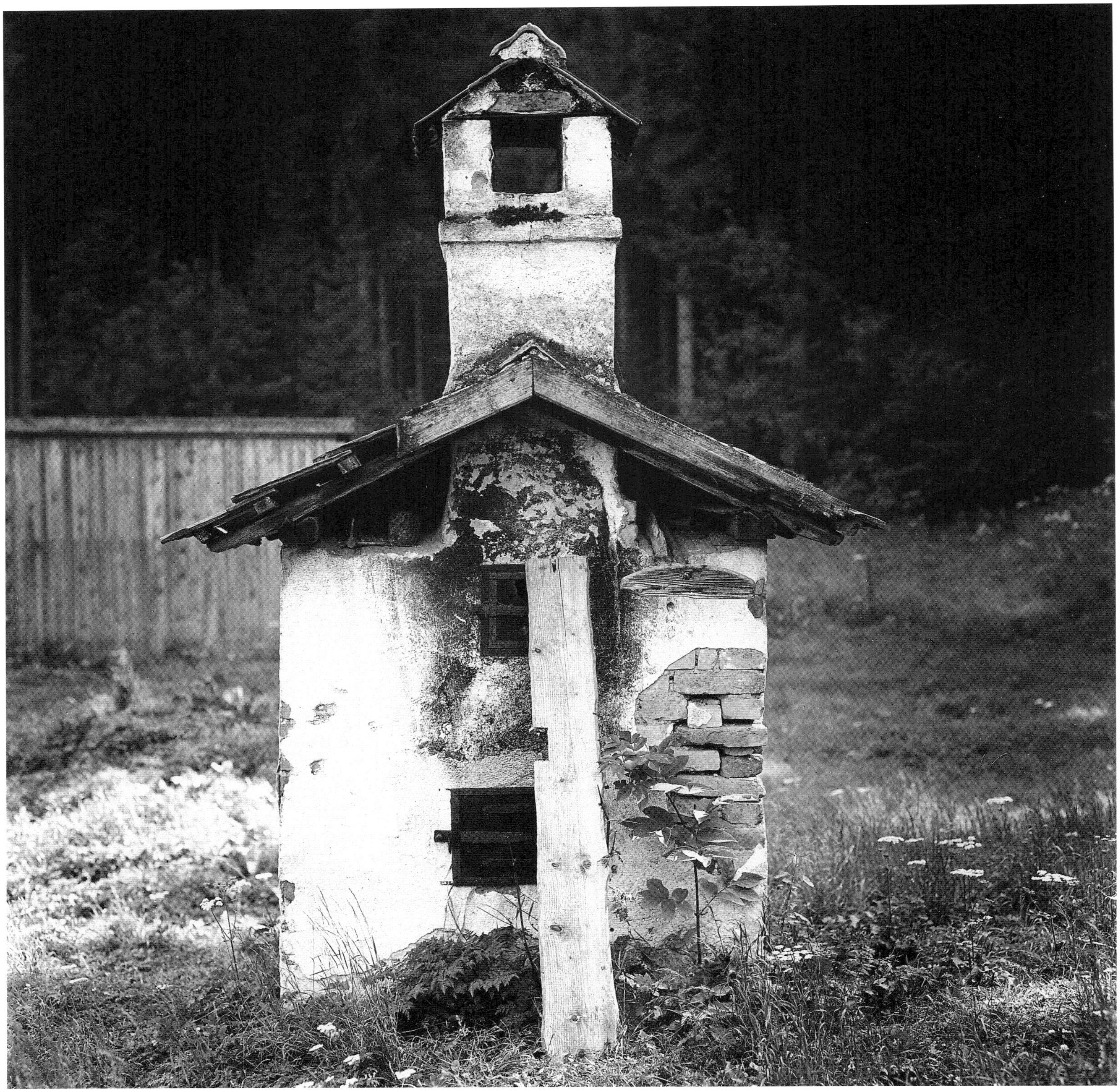

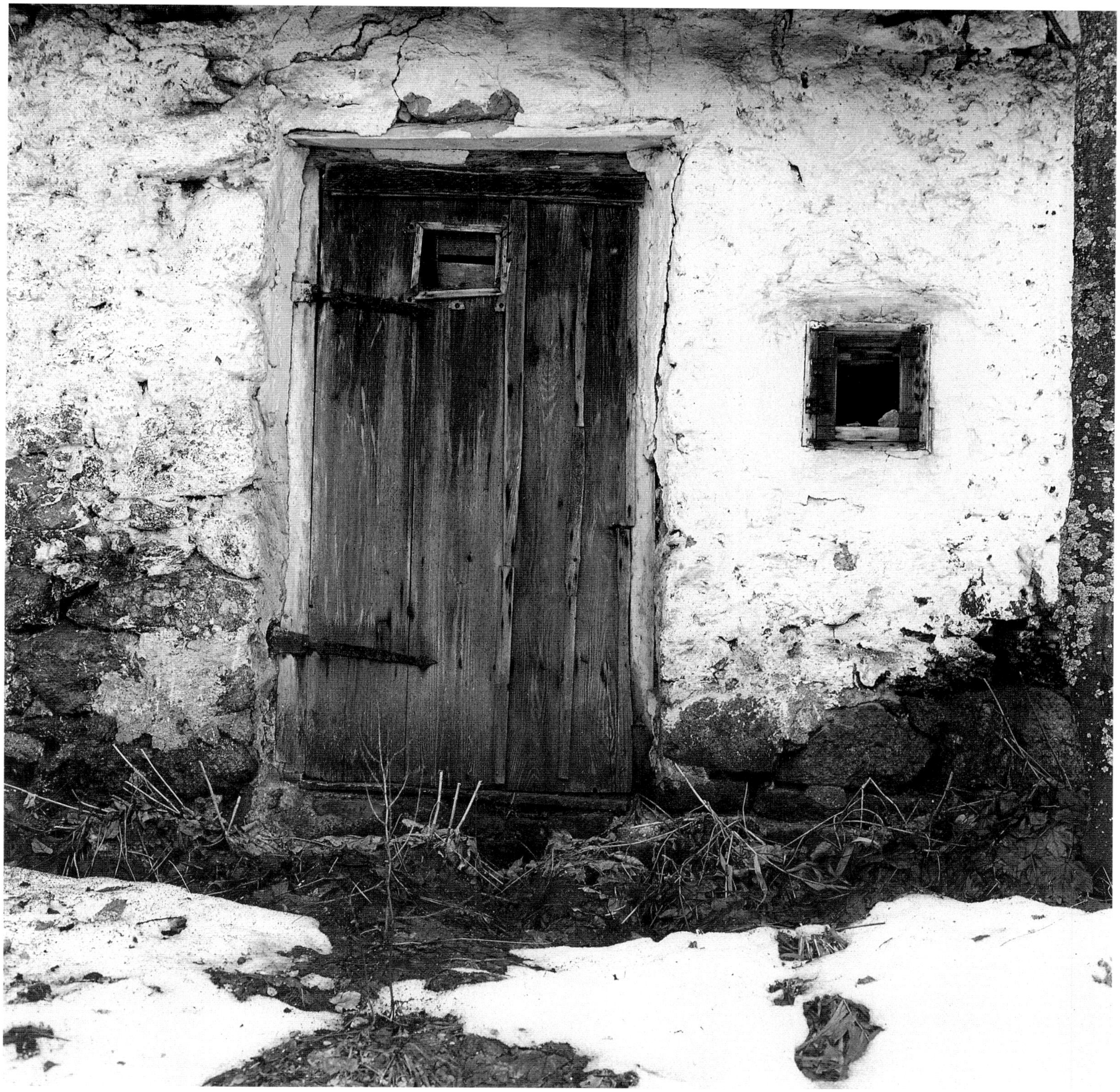

Und nicht nur schön ist der Wald, wenn ihr ihn aus der Ferne sehet, und schön, wenn ihr in ihm herumgehen werdet, er hat auch köstliche Dinge in sich. Da ist der ganze Boden, auf dem er steht, ein ungeheurer zerklüfteter Stein, ein Stein, der Hunderte von Meilen lang ist, viele Meilen breit, und manche Meile tief. Er hat Risse und Spalten und Gänge und Öffnungen, in welche die Wurzeln der Bäume eindringen, und über welchen der schwarze Boden liegt, auf dem die Gräser und Blumen und Beeren des Waldes wachsen. Und das Wasser, welches von den Wolken des Himmels niederregnet, sinkt auch hinein und sinkt immer tiefer, und sinkt tiefer, und reinigt sich und sammelt sich in dem Steine wie in einem blanken Kruge, weil der Stein fest ist, wie eine glatte Schale, und dem Wasser nichts gibt wodurch es unrein werden könnte.

DER WALDBRUNNEN

Wer einmal Berge, auf denen die geselligen Bäume wachsen, dann lange dahin ziehende Rücken, dann das bläuliche und dunkle Dämmern der Wände und das Funkeln der Luft darüber, lieb gewonnen hat, der geht alle Mal wieder gerne in das Gebirge und in die Wälder.

AUS DER MAPPE MEINES URGROSSVATERS

Als sie in das hohe Tannicht gekommen waren, wo die Pflöcke über den Weg liegen, beugte Maria von dem Pfade ab und ging in das Gestein und in die Farrenkräuter hinein. Tiburius hinter ihr her. Sie führte ihn ohne Weg, aber sie führte ihn so, daß sie auf trockenen Steinen gingen und das Naß, welches in dem Moose und auf dem Pfade war, vermieden. Später kamen sie auf trockenen Grund. Zuweilen war es wie ein schwach erkennbarer Weg, worauf sie gingen, zuweilen war es nur das rauschende Gestrippe, die Steine und das Gerölle eines dünn bestandenen Waldes, durch den sie gingen. Nach mehr als einer Stunde Wandelns kamen sie auf einen Abhang, der weithin von Wald entblößt war und durch die unzähligen noch deutlichen Stöcke zeigte, daß die Bäume erst vor wenig Jahren umgeschnitten worden waren. Der Abhang blickte gegen Mittag, war von warmer Herbstsonne beschienen und von Bergen und Felsen so umstanden, daß keine rauhe Luft hereinwehen konnte. Es wuchs allerlei Gebüsche und Geblüme auf ihm, und man konnte vielfach das Kraut der Erdbeeren um die Stöcke geschart erblicken.

DER WALDSTEIG

Allein ich kam, da ich doch auf bekanntem Boden ging, in die Wiesen des Meierbacher und dann gar in ein Gesumpfe, das nach meiner Meinung eigentlich nicht da sein sollte. Als ich mit jedem neuen Schritte immer mehr hineingekommen wäre, kehrte ich um, damit ich den festen Boden wieder gewinne, den ich verlassen hatte. Ich begriff nun, daß ich von einem Irrlichte getäuscht worden war und daß ich mich gar nicht da befinden müsse, wo ich glaubte. Solche Lichter entstanden manchmal in der Senkung, wie sie früher war, ehe sie der Obrist hatte reuten lassen, und sie wurden zu verschiedenen Zeiten gesehen. Sie wanderten da gleichsam bald an diesen Ort, bald an jenen, oder sie entstanden vom Ursprunge an bald hier, bald da. Plötzlich, wenn man auf eins recht hinschaute, war es gar nicht da, dann ging es an dem Gehege hinunter wie eine Laterne, kam aber am Ende des Geheges nicht heraus und konnte überhaupt nicht gesehen werden. Auf einmal stand es weit unten an den Eschen, als wartete es. Ich kenne derlei Lichter sehr wohl, weil ich oft in der Nacht herumgehen muß, wie die hiesigen Menschen nicht tun, sondern in ihren Häusern bleiben – in mancher feuchten Nacht des ersten Winters, des späten Herbstes, des schädlichen Märzen oder nach Mitternacht im Sommer, wenn die weißen sanften Streifen sich an den Wiesen ziehen.

AUS DER MAPPE MEINES URGROSSVATERS

Wenn die Leute in jenen Gegenden etwas anderes lesen würden, als ihr Gebetbuch, und ihnen diese Zeilen zu Gesichte kämen, so würde jeder den Mann kennen, der so lange unter ihnen gelebt hat, fort gegangen ist, und vielleicht noch auf einem Teile der Erde lebt.

DER WALDGÄNGER

Ich starrte recht deutlich in das Licht hinein. Und wie die lange, schlanke, weiße, ruhige Flamme drüben stand oder auch wie ein feuriger Engel, der ein weißes Kleid anhat, und wie der hohe, finstere Wald dahinterstand, und wie die Nacht so leise fortregnete und immer schwieg und finster war, und wie sich überall ringsherum niemand befand als ich allein: war es fast schön anzusehen, wie es war.. Ich ging des Weges nacheinander dahin. Und wie ich neben den Schlehenbüschen war, die wie ein schwarzer, kriechender Zug fortwanderten, und wie die Erlen, die von meinem Wege links standen, durch das Licht gingen: ..duckte sich das Lichtlein einmal ganz leicht nieder und war verschwunden.

AUS DER MAPPE MEINES URGROSSVATERS

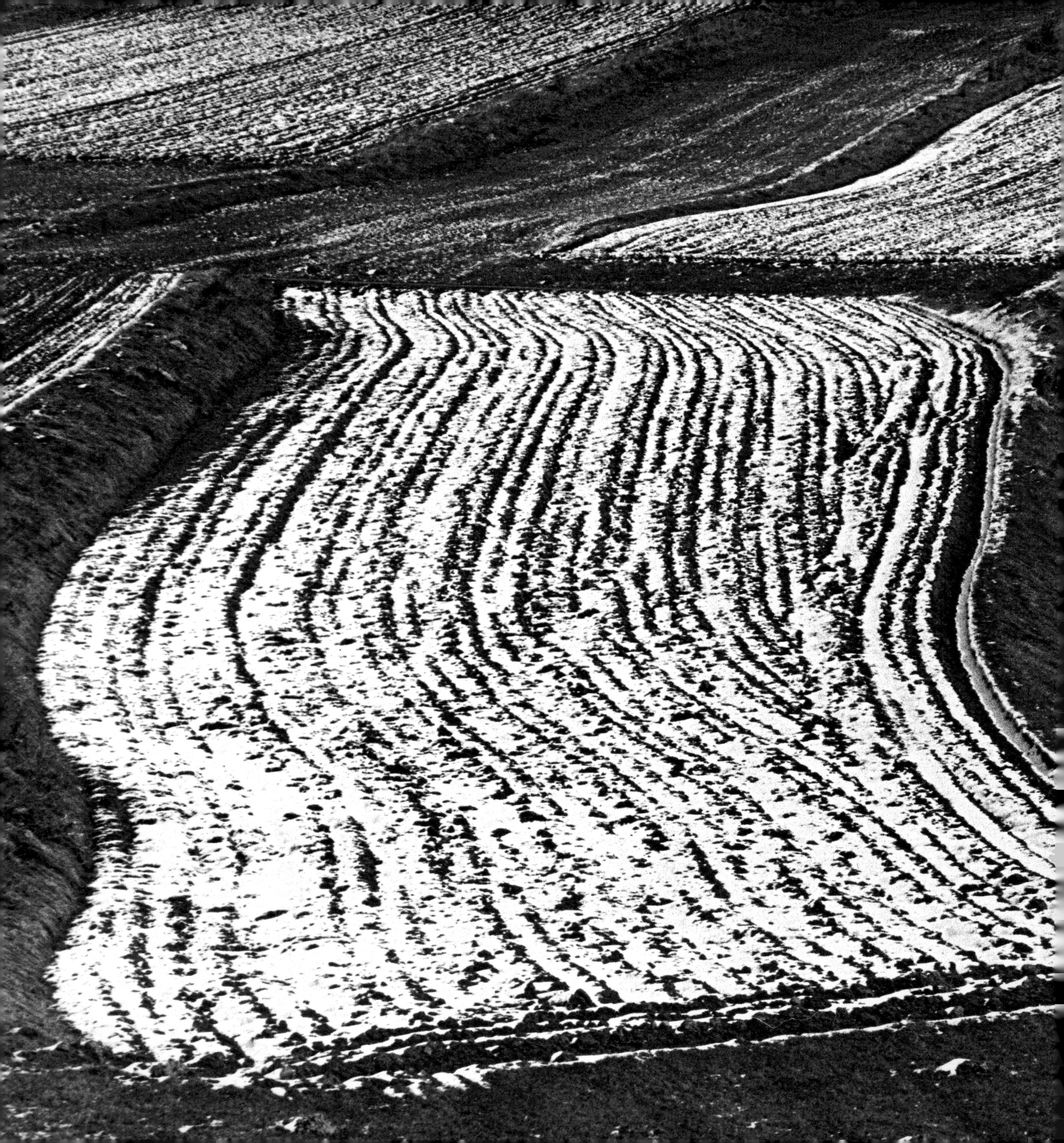

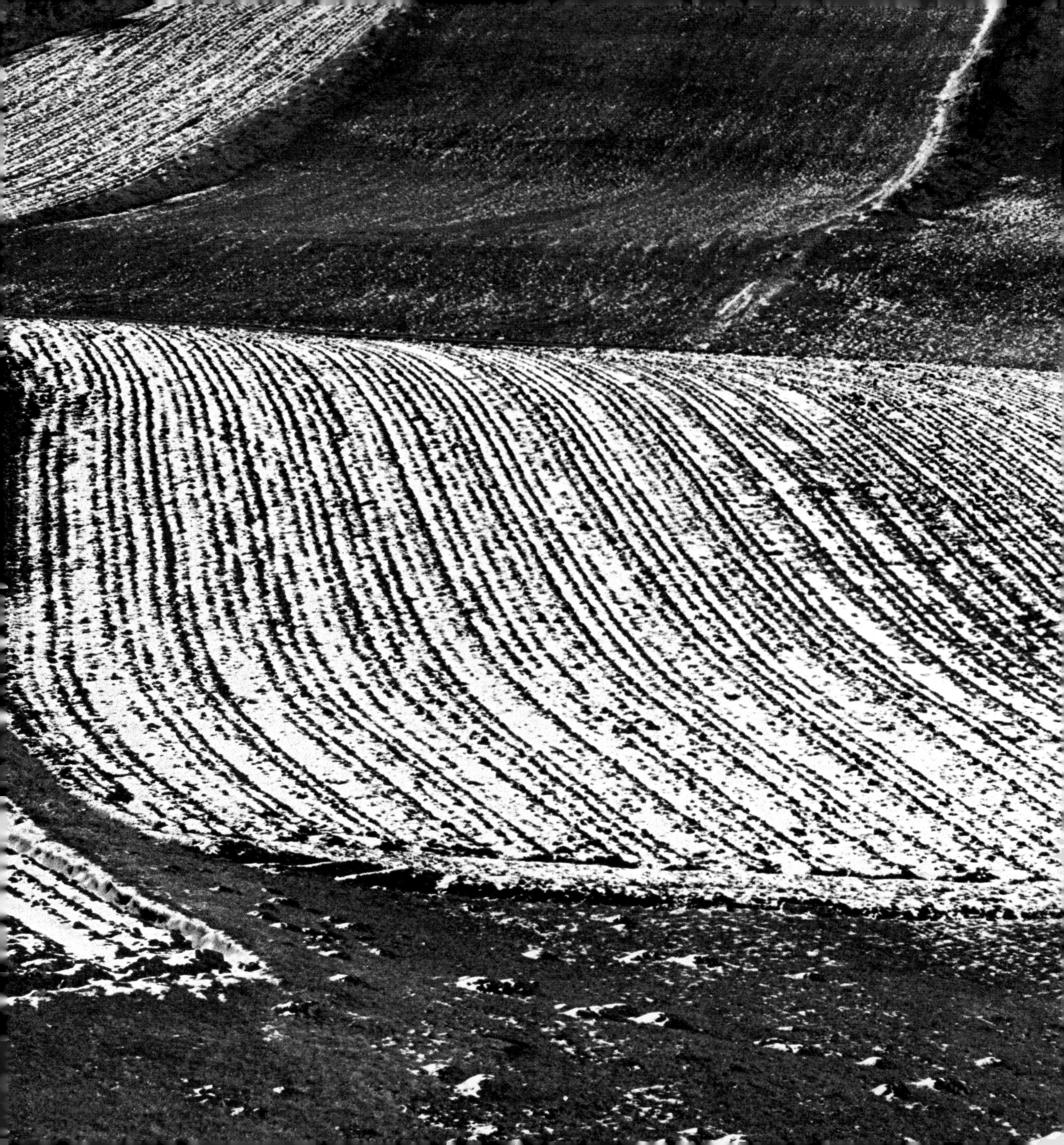

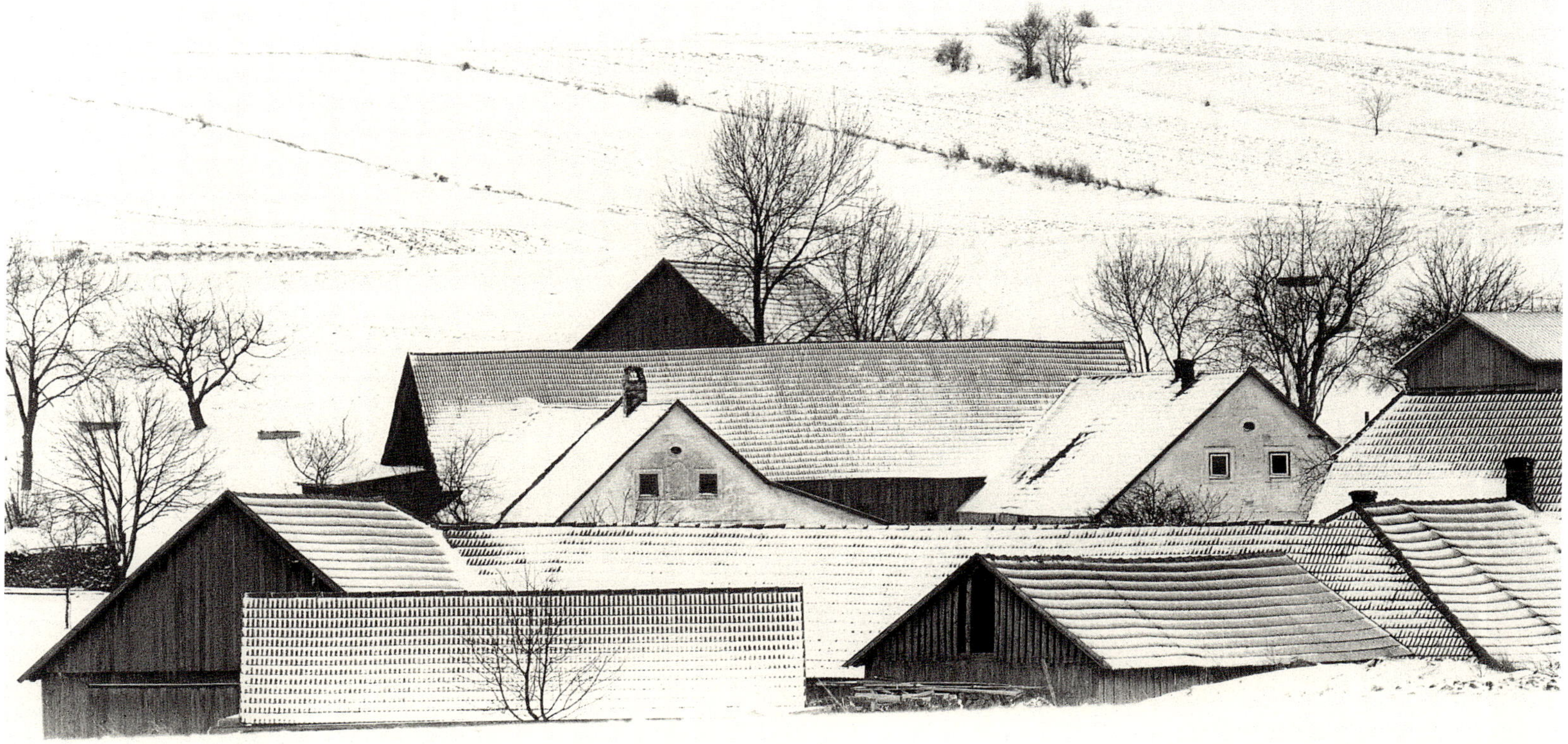

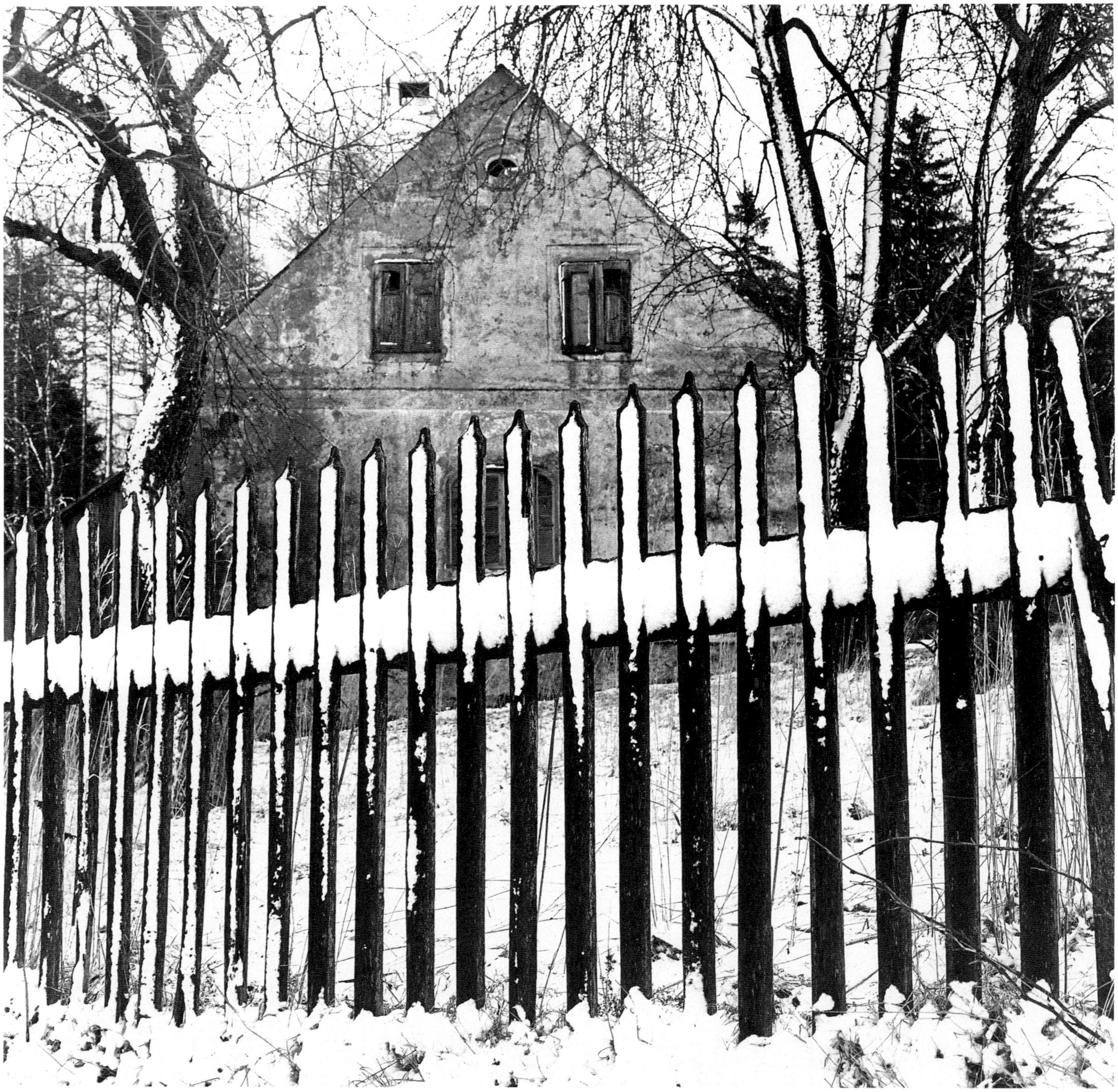

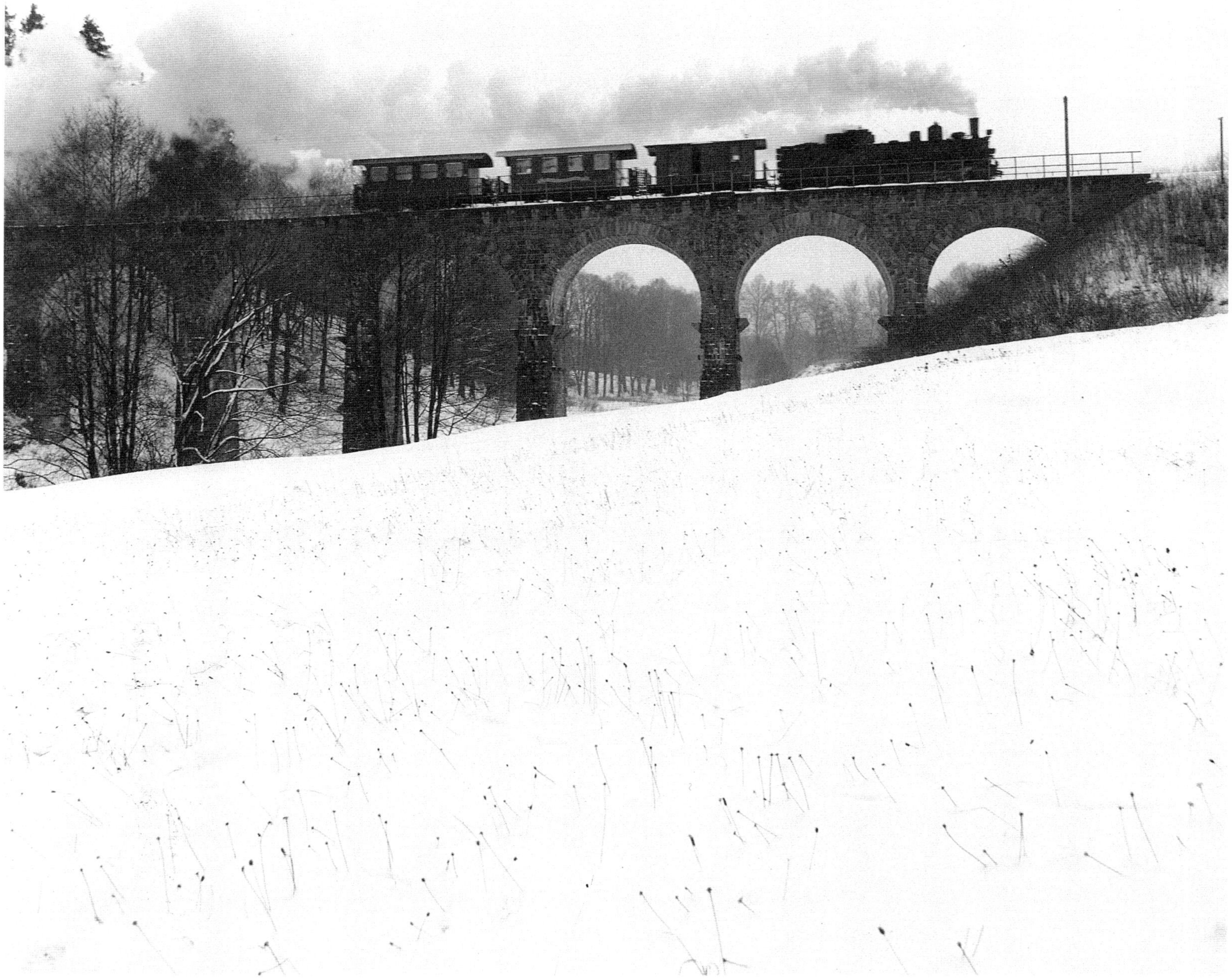

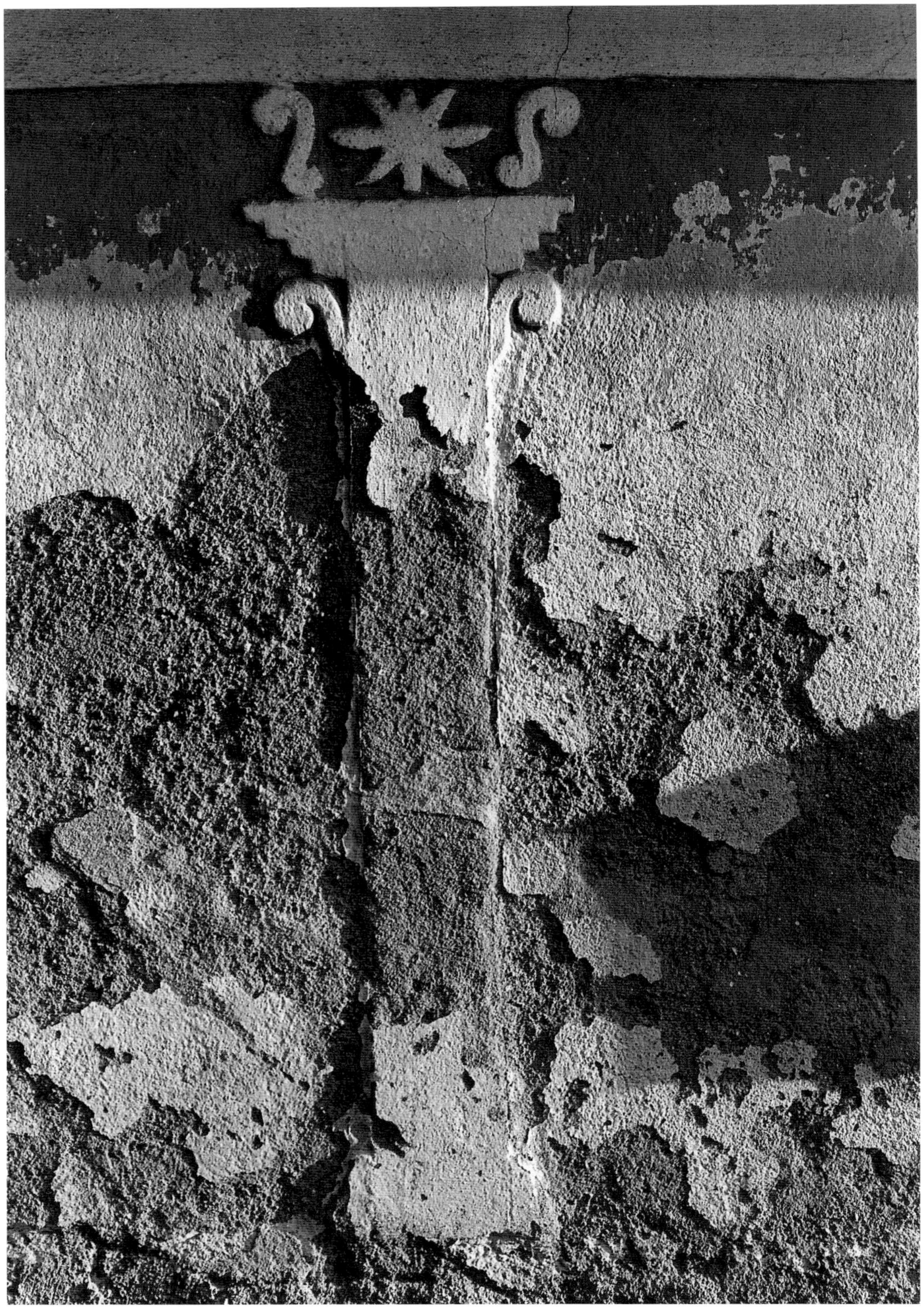

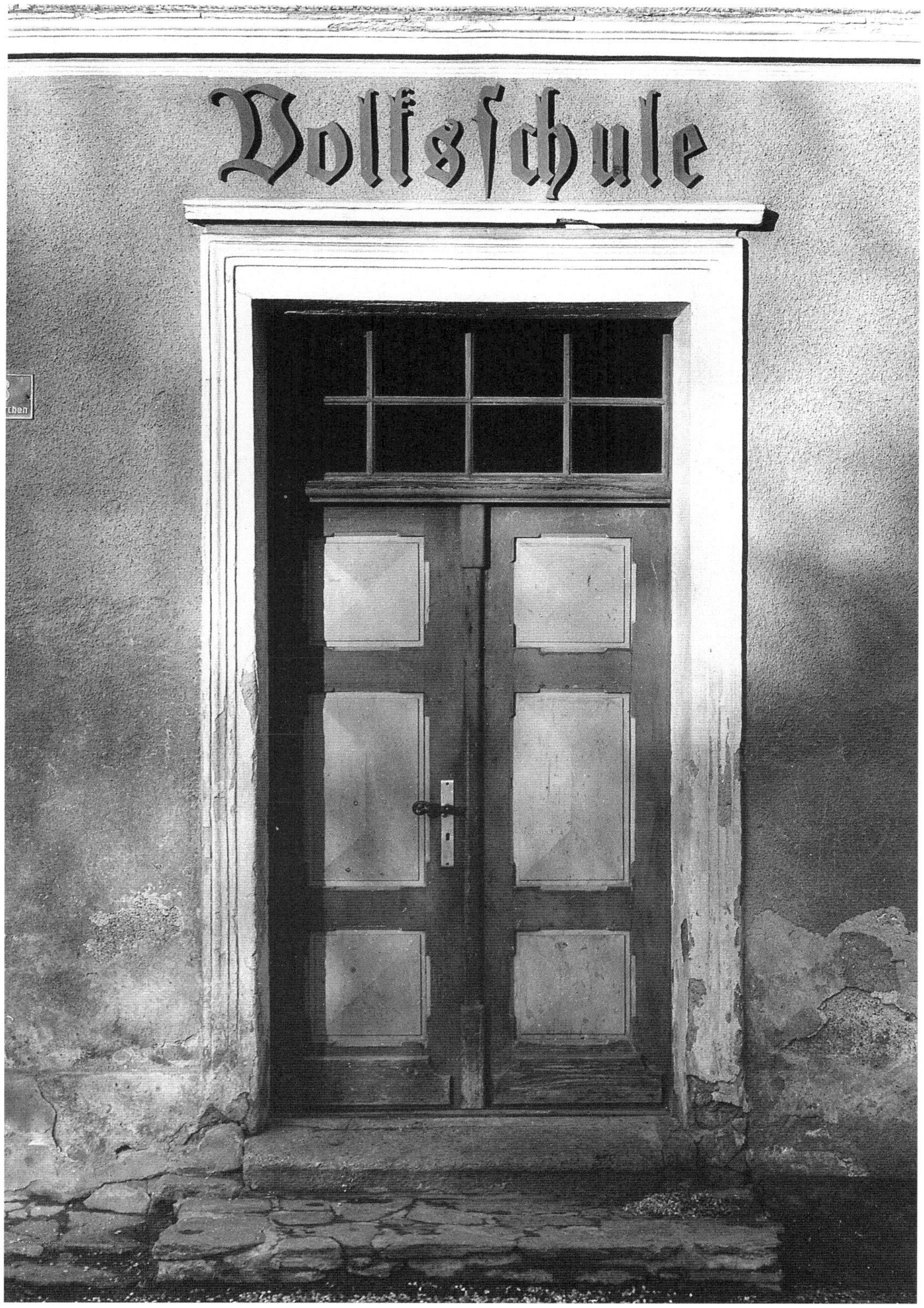
Volksschule

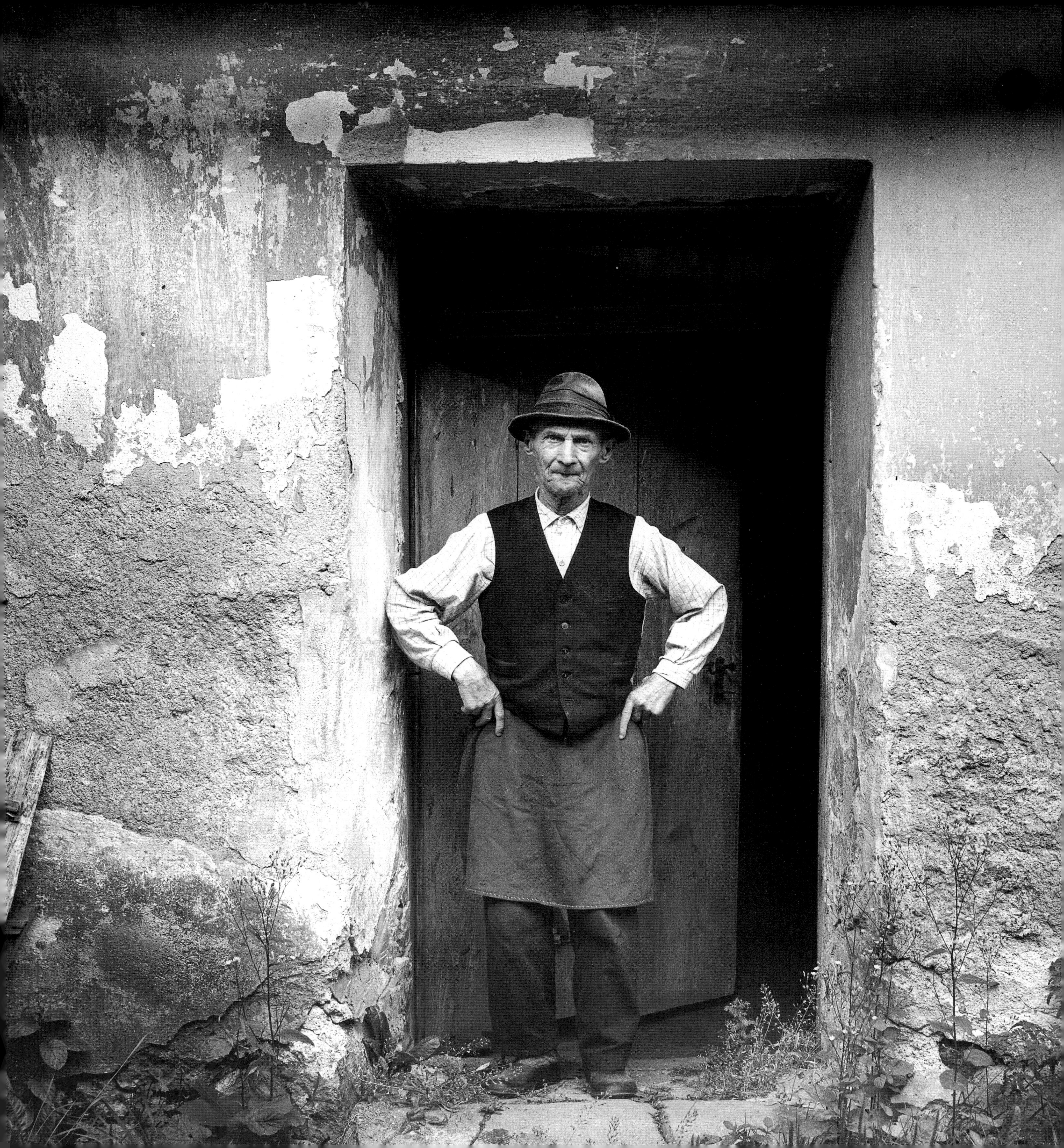

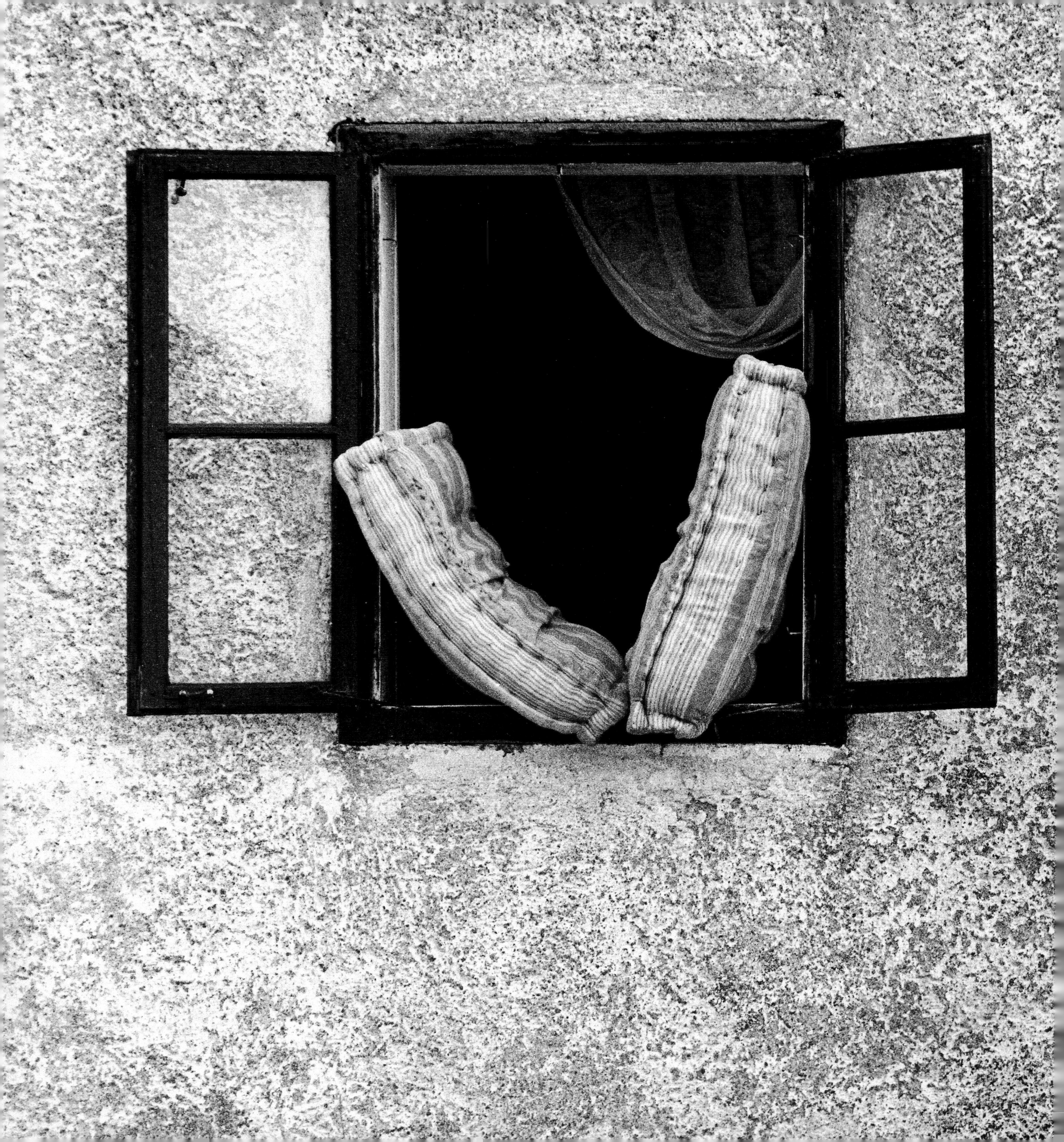

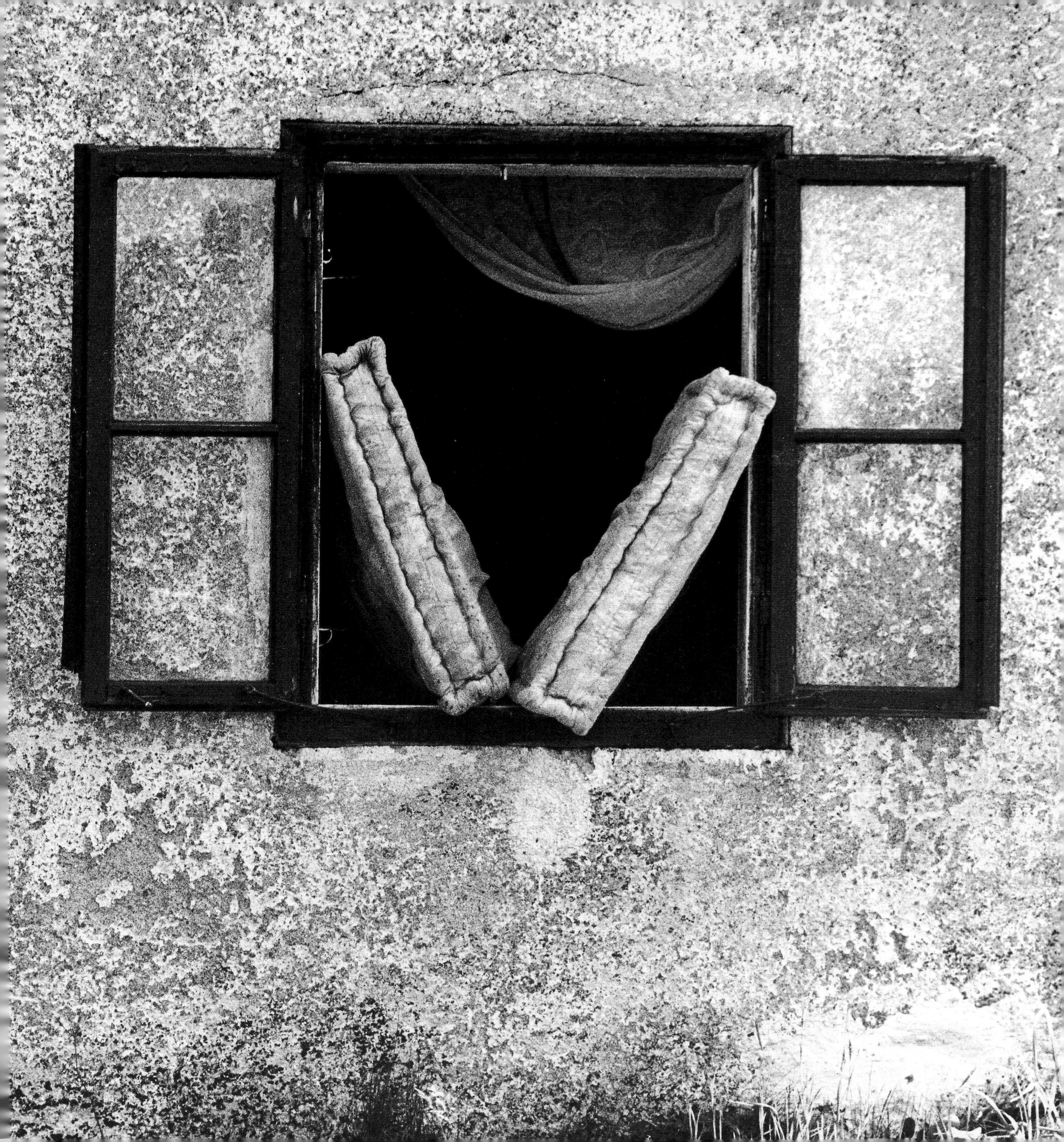

Der schönste Frühling kam, alles drängte, blühte und schauerte von Fülle. Alle Hügel waren grün, die Felder wogten; auch die neuen, die man erst heuer an dem Mitterwege hinauf, wohin die Fenster des Hauses des Obrist's recht schön werden schauen können, angelegt hatte, wallten in der schönen blaugrauen Farbe des Kornes. Die schöne Fichte an meinem Sommerbänkchen war bedeckt mit den kleinen gelben, wohlriechenden Blütenzäpfchen; alles Laubholz schwankte in den neuen, lichteren, grüneren Kronen; selbst die ferneren Nadelwälder standen nicht so schwarz da, sondern gewannen durch die neuen Ansätze, die sie im Beginne der wärmeren Jahreszeit treiben, das sanftere Dämmern und das weichere Ferngrün, in dem sie im Frühlinge stehen; und wenn man in ihnen ging, so war überall ein frisches Harzduften, und sie rührten sich gleichsam in allen Zweigen und Ästen von dem Schreien und Singen und Lärmen der Vögel.

Aus der Mappe meines Urgrossvaters

Es verging der Schnee so gemach, daß alles offen und grüner wurde, als sonst und daß in den tiefsten Tiefen schon die Bäche zu einer Zeit wieder rauschten, wo wir sonst noch manche weiße Inseln auf den Feldern sahen. Es wurde bald warm und die Wässer des Schnees, die wir so gefürchtet hatten, waren nicht vorhanden. Sie waren entweder in die Erde eingesickert oder rannen jetzt in den schönsten plätschernden Bächen durch alle Täler dahin.

Aus der Mappe meines Urgrossvaters

Dennoch ist ihm die Gegend immer lieb und teuer geblieben. Es sind noch Reihen von Jahren vergangen, und wenn auch das Bild, von dem er einstens geglaubt hatte, daß er es mit höchster Glut ewig im Herzen tragen werde, bis zu milder Ruhe ausgebleicht worden war, so sind doch wieder andere dafür in seiner Erinnerung aufgestanden, die er damals nicht beachtet hatte, und die sich jetzt mit sanftem Reiz vor seine Seele stellten – sei es nun ein düsterer Föhrenwald, an dessen schwarzen Wurzeln die dunklen Wässer dahin wuschen – sei es ein lieber Fels, der emporragte und auf dem Haupte gesellschaftliche Pflanzen trug – seien es gegen ein Rinnsal herein gehende Birkenwälder, die den Fluß einsogen, scheinbar verbargen, und unsichtbar zu den weiteren ebeneren Ländern hinaus leiteten: – oder seien es Menschen und einfache Charaktere, die er dort gekannt, geliebt, bedauert, geachtet hatte.

Der Waldgänger

Der Sommer war aber auch so überaus günstig, wie selten einer über unsere schönen Wälder herabgekommen ist. Es war oft eine Reihe von Tagen hintereinander einer schöner als der andere, und wenn auch Wolken erschienen, so dienten sie bloß zur Verzierung des Himmels, indem sie am Tage in Silber und Edelsteinen schimmerten und abends in rotbrennenden Bändern und Schleiern über die Bäume, über die Berge und über die Saaten hinausstanden. Und weil der viele Winterschnee so langsam geschmolzen ist, so war trotz der langen Regenlosigkeit keine Dürre, sondern die tiefe, innere Feuchtigkeit der Erde machte ein Grün auf unsern Wäldern und Feldern, daß einem das Herz lachte, und die Quellen und Bäche der Täler hüpften und sprangen ohne Abgang des Wassers, als würden sie heimlich immer wieder von Geistern oder Engeln genährt.

Aus der Mappe meines Urgrossvaters

Gestern waren des Morgens fliegende Nebel, dann waren Wolkenballen und Sonnenblicke. Um halb vier Uhr hob sich wieder bei uns ein Gewitter, das sich aus unscheinbaren Wolken erst über unserem Haupte bildete. Ich stand am Fenster, und sah plötzlich in der Gegend des Buchenwäldchens gegen die Maut hin einschlagen. Ich möchte das nicht wieder sehen. Der Blitz, der als langer Streifen senkrecht auf die Erde niederschoß, und den Himmel gleichsam zu spalten schien, war mir weit fürchterlicher als das auf ihn folgende die Grundfesten der Erde erschütternde Krachen, das die Menschen aus den Häusern rief. Der Blitz schien aber nur den Boden getroffen zu haben; denn es erfolgte kein Rauch und kein Feuer.

An Amalia Stifter

Wie die Lerchen auf den Feldern sangen, der Finke in den Wäldern, die Schwalben pfeilrecht schossen und an den Häuschen Nester bauten, wie an den rieselnden Gräben der dichtgelbe Saum der Butterblume wuchs, und draußen auf den Feldern der blaugrüne immer höher sprossende Samt der Getreide wehte: gingen sie freudig nach allen Richtungen herum, und jeder Tag brachte blaueren Himmel, weißere Wolken und größere über die Waldwände herein gehende Hitze.

Der Waldgänger

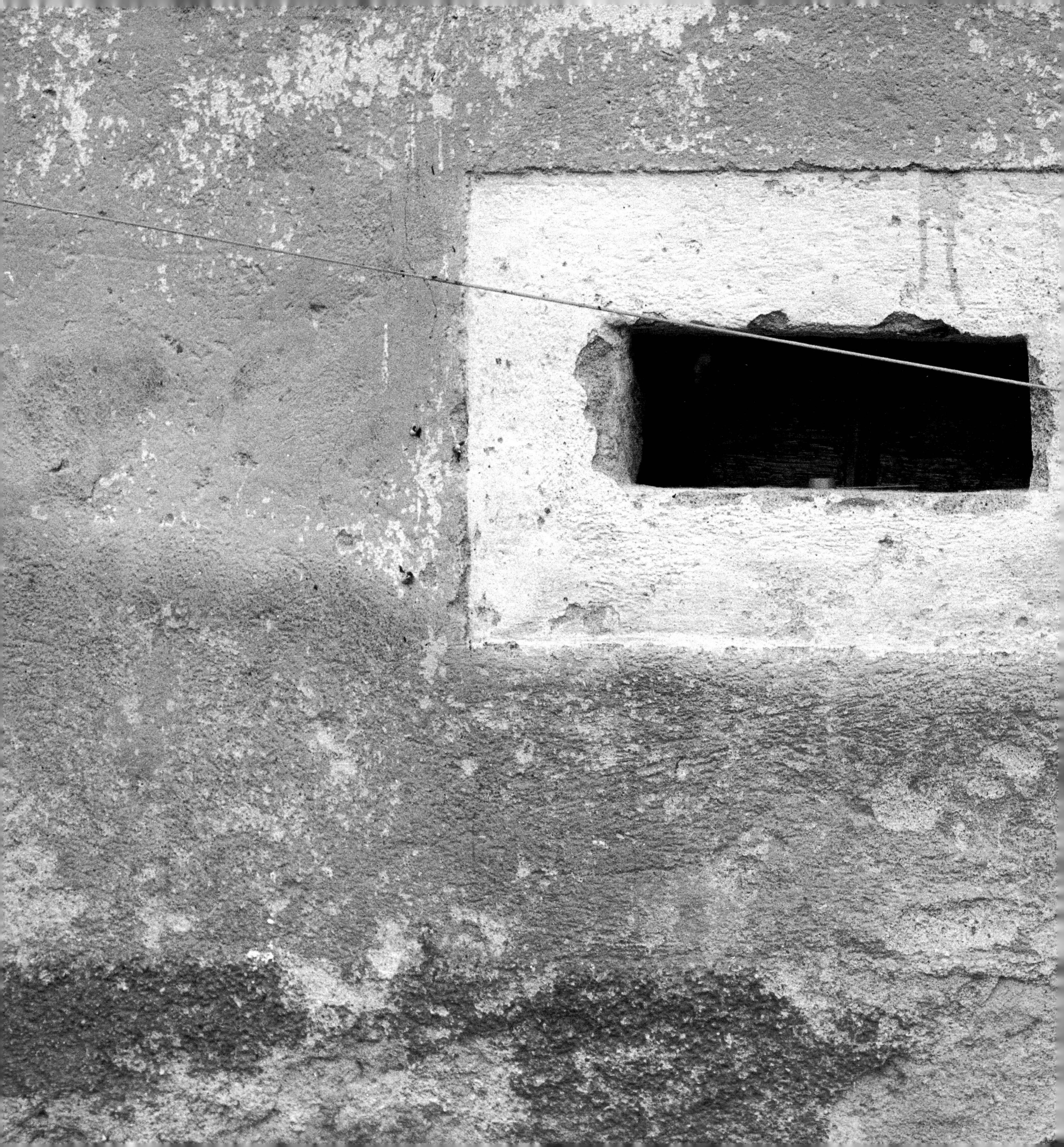

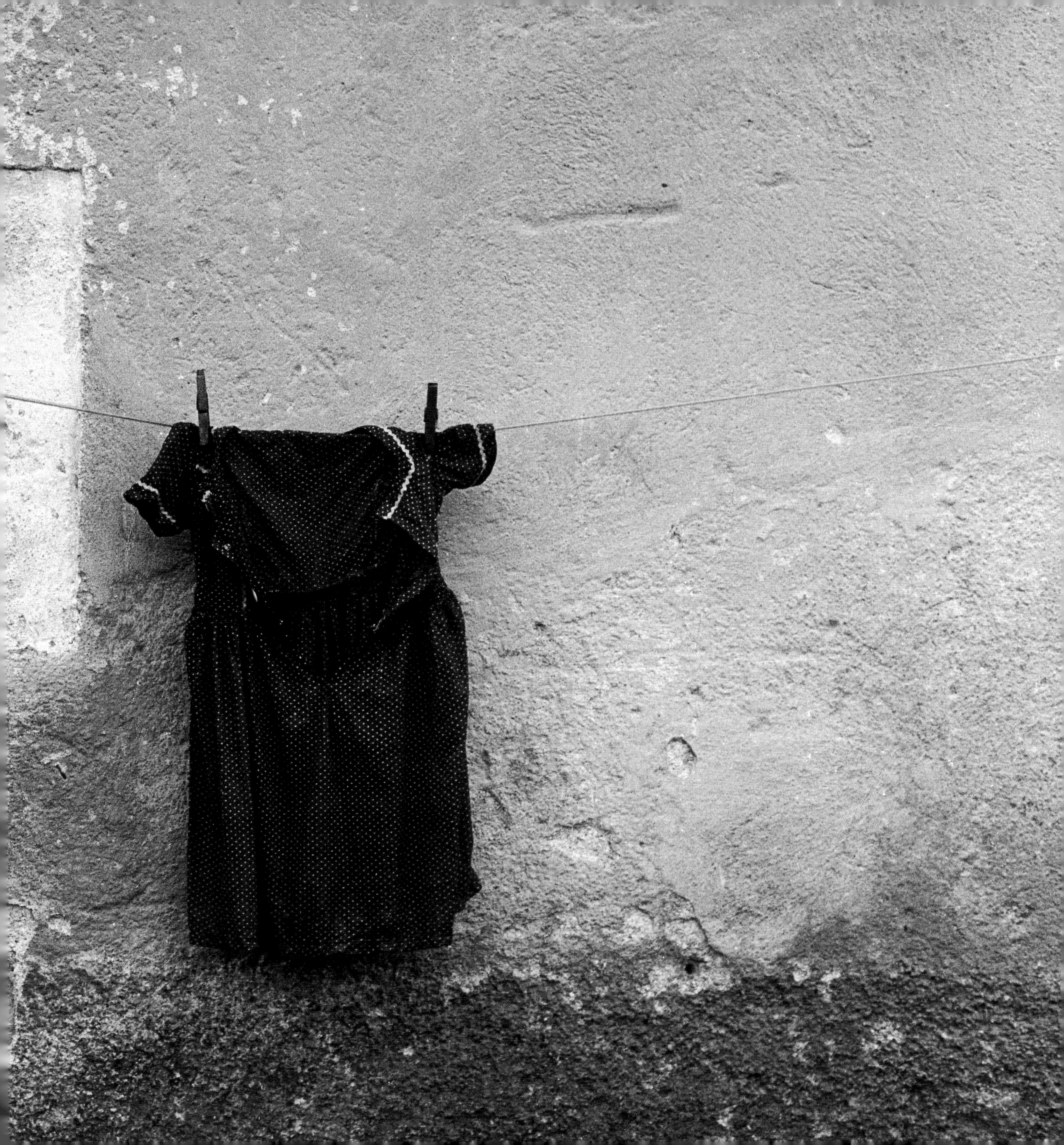

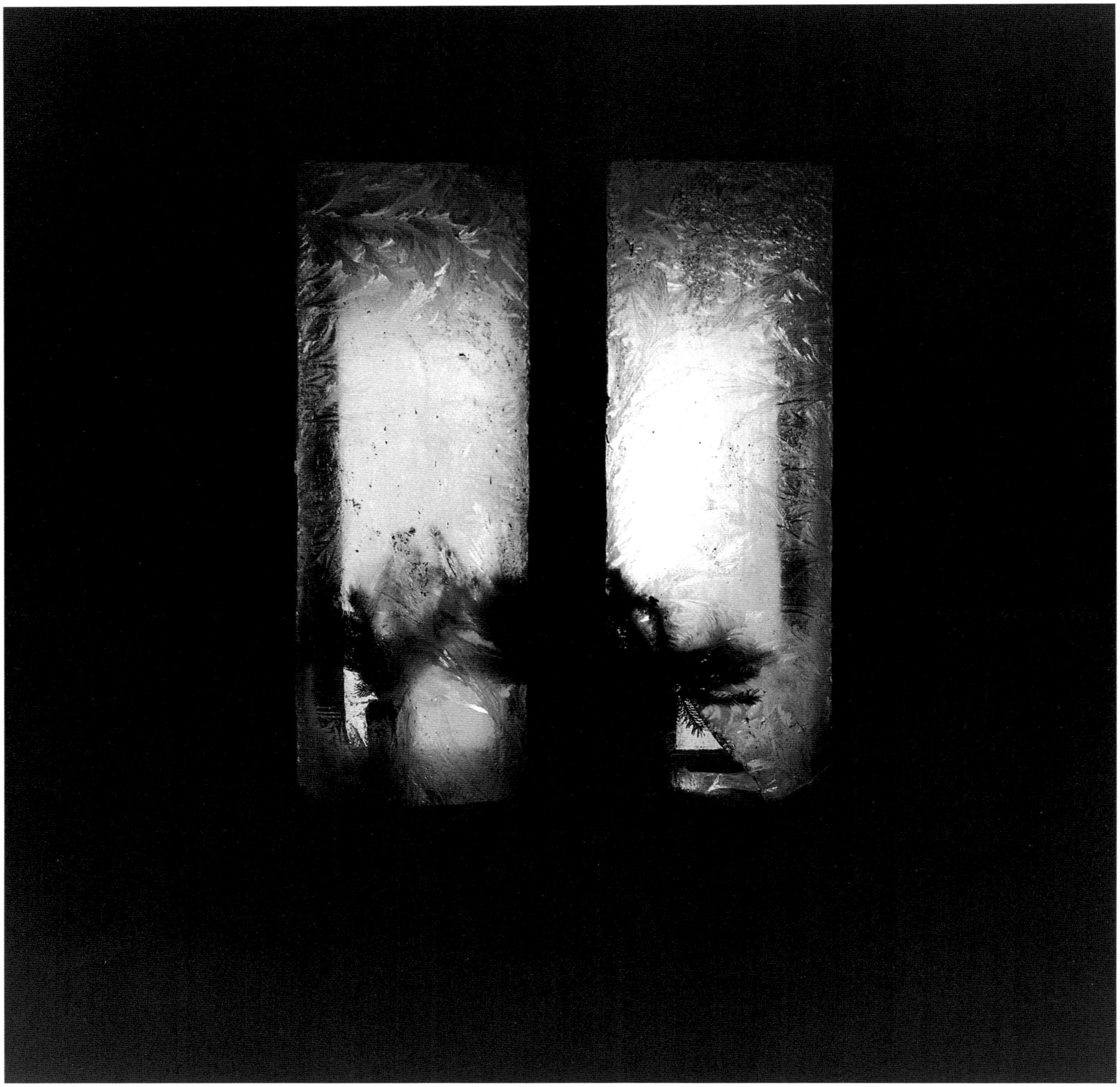

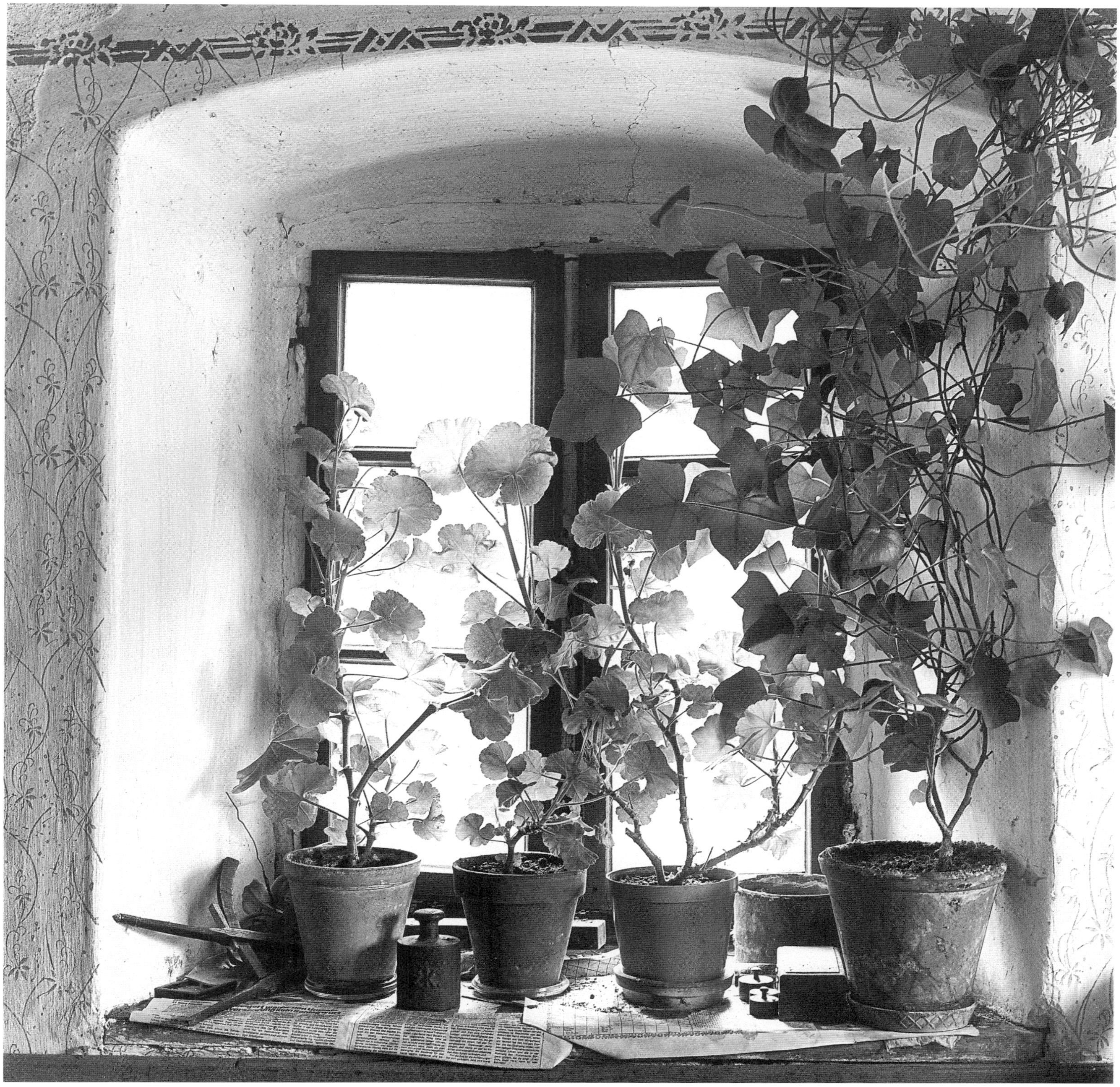

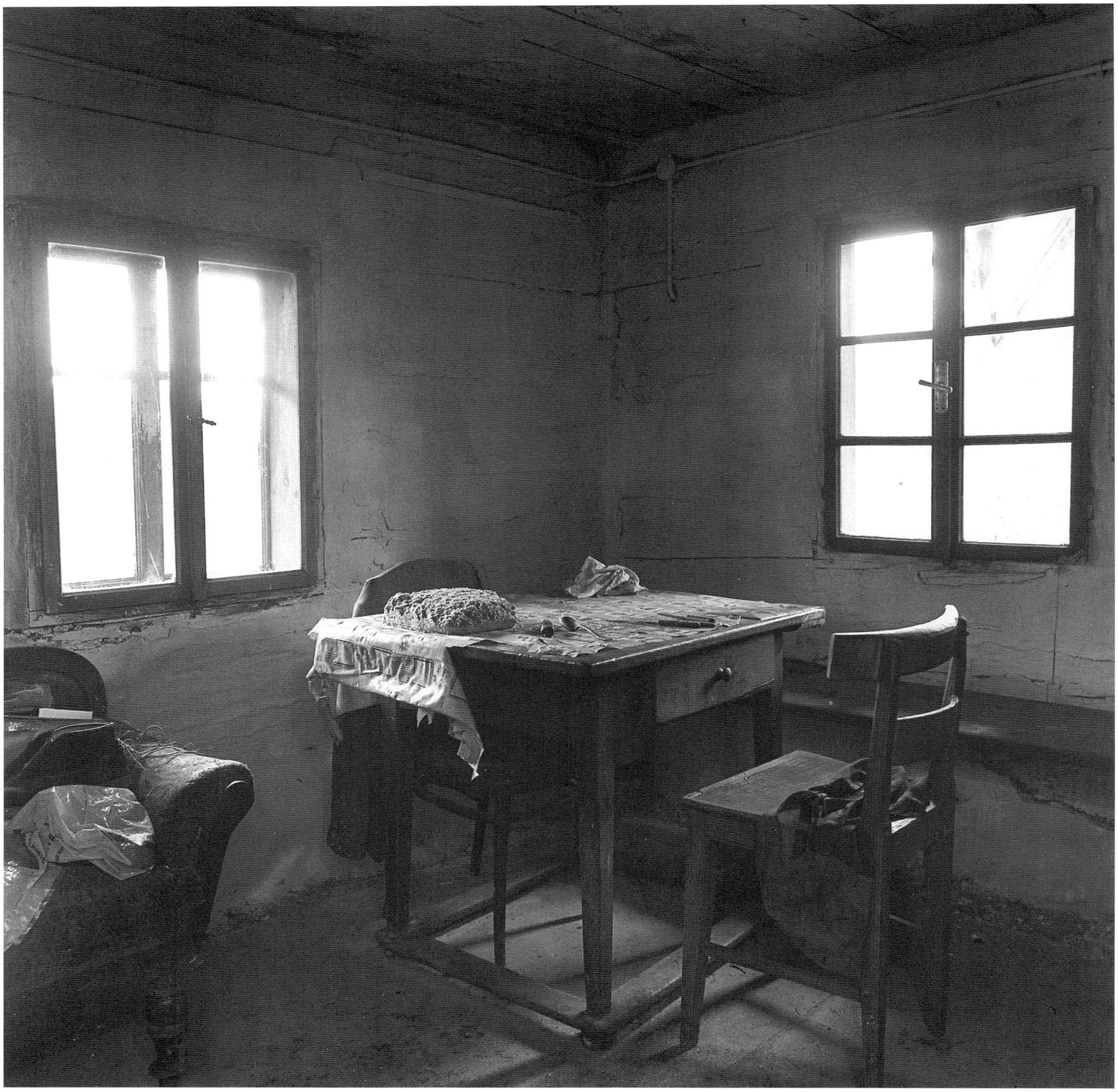

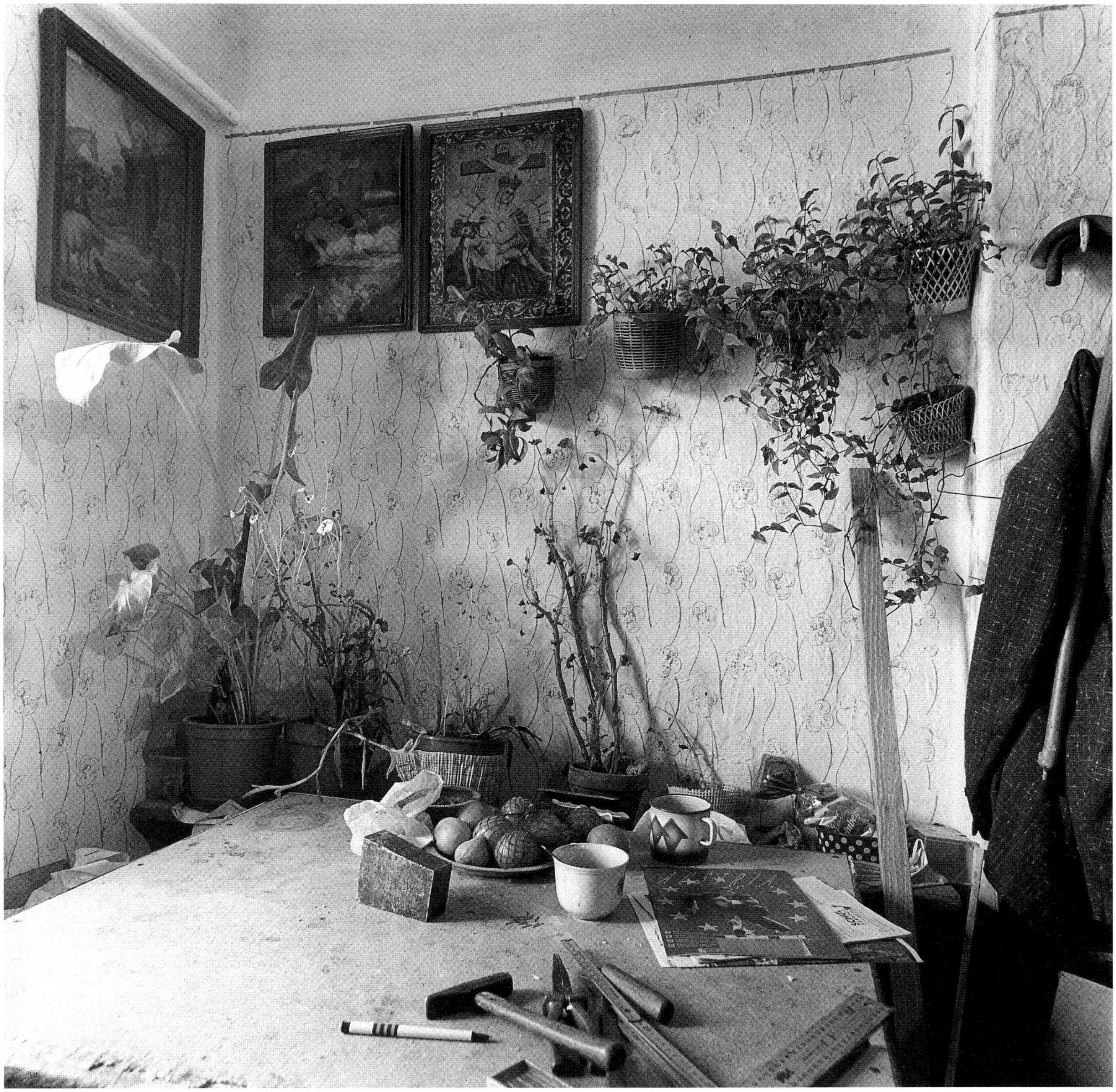

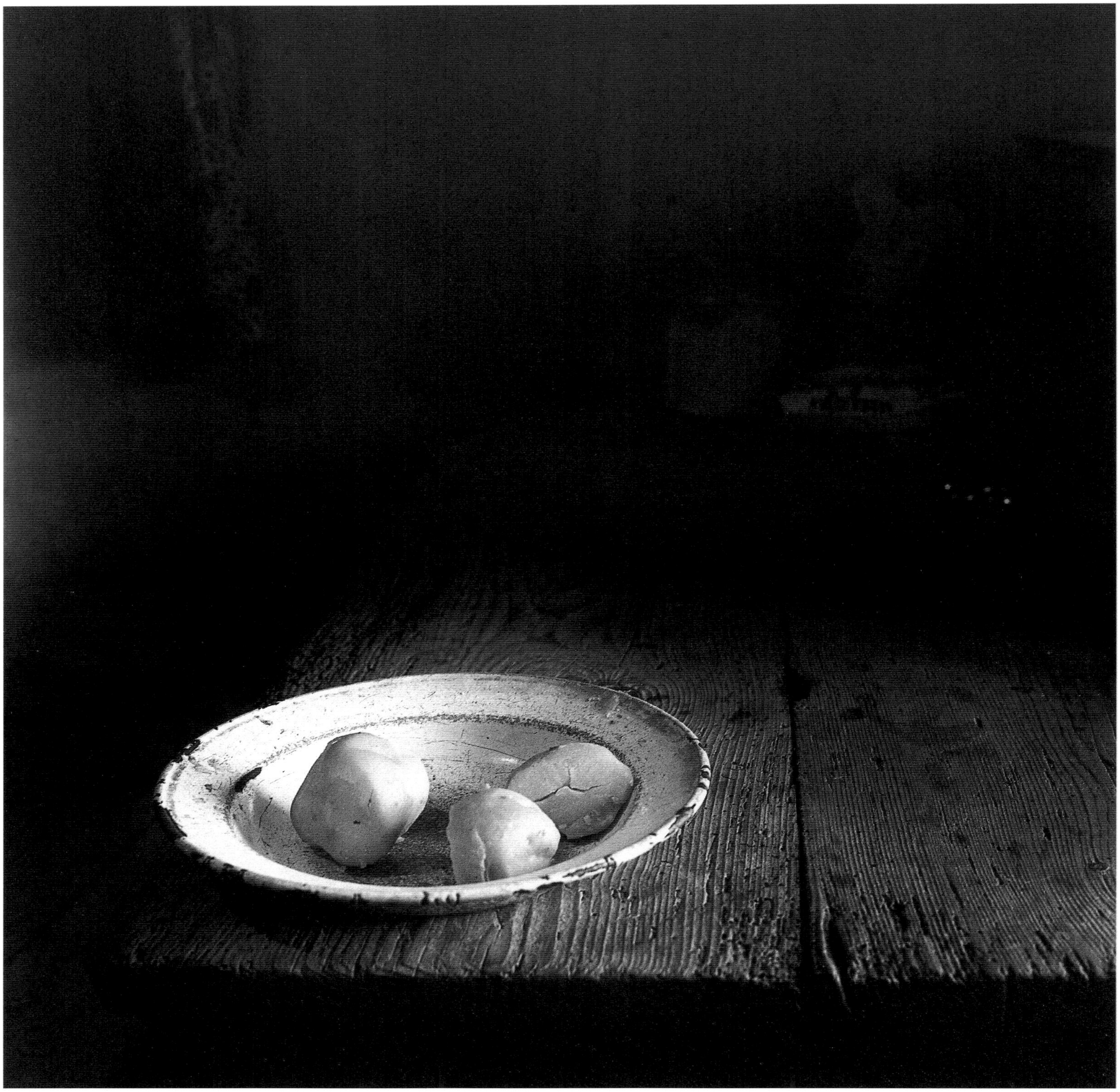

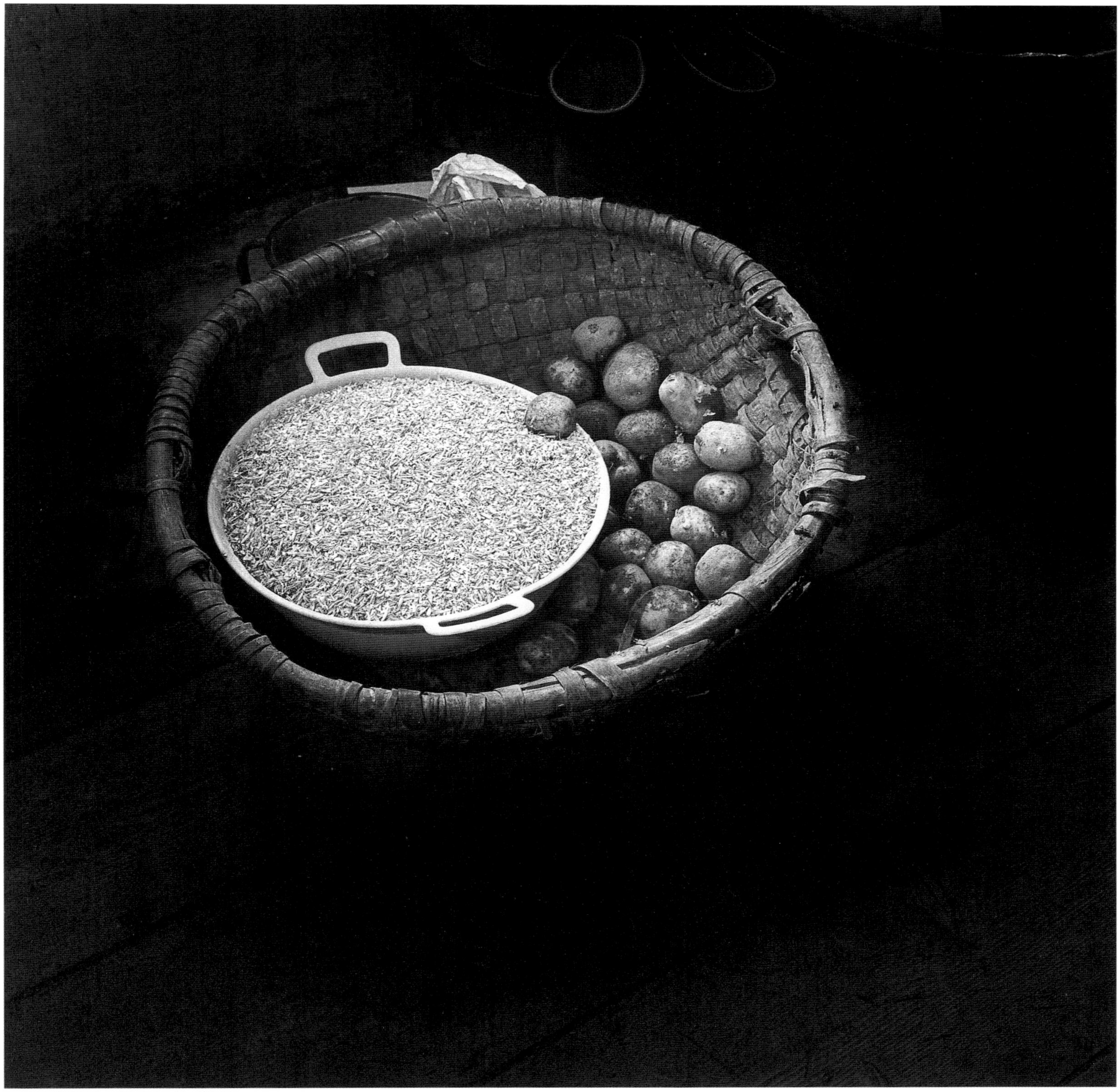

Endlich am Fenster, mit bleichen Tropfen des hereinscheinenden Mondes betupft, das Schreibgerüste, vielfächrig, gotisch, mit einem kostbaren Geländer, auf dem braune Frösche paßten und gleißten, die Schreibplatte überwölbt mit einem hölzernen Baldachine wie mit einem Herdmantel, darauf oben ein ausgestopfter Balg saß, den man nicht mehr kannte und den wir jedes Abends fürchteten – und wenn der einzige Hort, der Vater, der auf diese Erzählungen nichts hielt, in der Ofenecke eingeschlummert war und der Mondenglanz der scharfen, taghellen Winternacht in den Ecken der gefrierenden Fensterscheiben starrte, so wehte ein solches Geisterfieber in der Stube, es hatte selbst die Mutter so ergriffen und war über die Mägde hinausgekommen, die gerne in der Küchenstube daneben saßen und spannen, daß, wenn jetzt jemand am äußeren Tore geklopft hätte, es unmöglich gewesen wäre, sich ein Königreich zu verdienen, bloß dadurch, daß eines hinaus gehe und schaue, wer es sei.

Aus der Mappe meines Urgrossvaters

Kein Geist läßt sich mehr sehen oder hören, und wenn der Vater in der Nacht von etwas aufgehalten wird, so sind es schlechte Waldwege gewesen, oder es ist Regen eingefallen. „Jawohl", pflegte die Großmutter zu sagen, wenn auf diese Dinge die Rede kam, „alles nimmt ab, der Vogel in der Luft und der Fisch im Wasser. Wenn sonst in den Losnächten oder Samstag abends aus den Pfingstgräben oder der Hammerau deutlich ein Weinen oder Rufen gehört wurde, so ist heute in den Gegenden alles stille und ausgestorben, selten, daß einem noch ein Irrlicht begegnet oder der Wassermann am Ufer sitzt. Die Leute glauben auch heutzutage nicht mehr so fest wie sonst, obwohl die Alten, die dies erzählten, ebenfalls keine Toren waren, sondern furchtlose, aufgeklärte Männer. Wie gerne will die Jugend alles besser wissen und kömmt doch mit den Jahren immer wieder auf die Reden der Alten und gesteht es ein, daß sie darauf kömmt."

Aus der Mappe meines Urgrossvaters

In den langen Winterabenden oder auch zu anderer Zeit, zum Beispiele im Spätherbste, wenn es draußen finster, naß und neblicht ist, ist das Beisammensitzen in der Nähe der Leuchte eine der größten Traulichkeiten und Gehäbigkeiten der Bewohner jener Gegenden. Dann sind sie gerne mit unbedeutenden Arbeiten, die auf diese Zeit treffen, beschäftigt, der weibliche Teil meistens mit Spinnen, der männliche mit Ausbesserung des Riemwerkes an einem Dreschflegel, mit Späneschneiden, oder mit gar nichts, als seine Pfeife zurecht zu richten, zu stopfen, und anzuzünden. Nicht selten ist das auch die Zeit, wo Geschichten und vergangene Ereignisse erzählt werden, entweder sind es Dichtungen, die im Munde des Volkes leben, deren Verfasser niemand kennt, und die das Volk als Wahrheiten glaubt, oder es ist geradezu Geschichte, was dem Großvater begegnet ist, oder dem Urgroßvater, oder einem andern, oder einem merkwürdigen Manne, der die ganze Zeit her bekannt war, entweder durch seine Taten, die er getan hat, oder durch die vielen Ereignisse, die er erlebt hat. Dann werfen die Gestalten der Personen, die um das Feuer sitzen, lange Schatten in den übrigen Raum der Stube zurück, und um die Ecke des großen, grünen Ofens hinum ist es gar finster, wenn nicht etwa an einer Fuge die Lehmverklebung herunter gegangen ist und durch die Spalte von den im Ofen verglimmenden Scheiten der dunkelrote Feuerschein heraus sieht, und eine Lichtlinie auf die Wand wirft.

Der Waldgänger

Wie oft, wenn ich in dem ersten Winter nach Hause kam, wenn ein rechtes Gestöber war, und den Schnee, hoch wie Häuser, in den Waldlehnen zusammenjagte, oder wenn eine große Kälte war und die Sterne so scharf am Himmel standen, als wäre ihr Glanz selber fest zusammen gefroren, stand schon der Bube Thomas, wenn er meine Schellen hörte, vor der Tür der Hütte und nahm mir das Pferd ab, den guten Fuchs, um es erst ein wenig um die Hütte herum zu führen und dann in den Stall zu tun. Die Schwester Katharina nahm mir, wenn ich in die Stube trat, in der der hellste Glanz von der lodernden Leuchte her herrschte und die sanfteste Wärme von dem Ofen ging, den Pelz ab, in dem Eis oder Schnee hing, zündete Kerzen an und führte mich in mein Zimmer, in dessen Ofen auch die Tannenscheite krachten oder ein nachgelegter Buchenstock langsam in wärmeverbreitende Glut zerfiel. Ich hatte nämlich in den Ofen von innen eine große Tür brechen lassen, und damit ich das Feuer sähe, das ich so liebe, dieselbe mit einem feinen Metallgitter zu schließen eingerichtet. Lucia kochte, und der Vater ging in dem knarrenden Schnee um die Hütte herum in die Wagenlaube und brachte die Sachen herein, die in den Schlitten gepackt gewesen waren. Ich tat die Kleider ab, legte ein bequemes Hausgewand an, und saß unter den Meinen.

Aus der Mappe meines Urgrossvaters

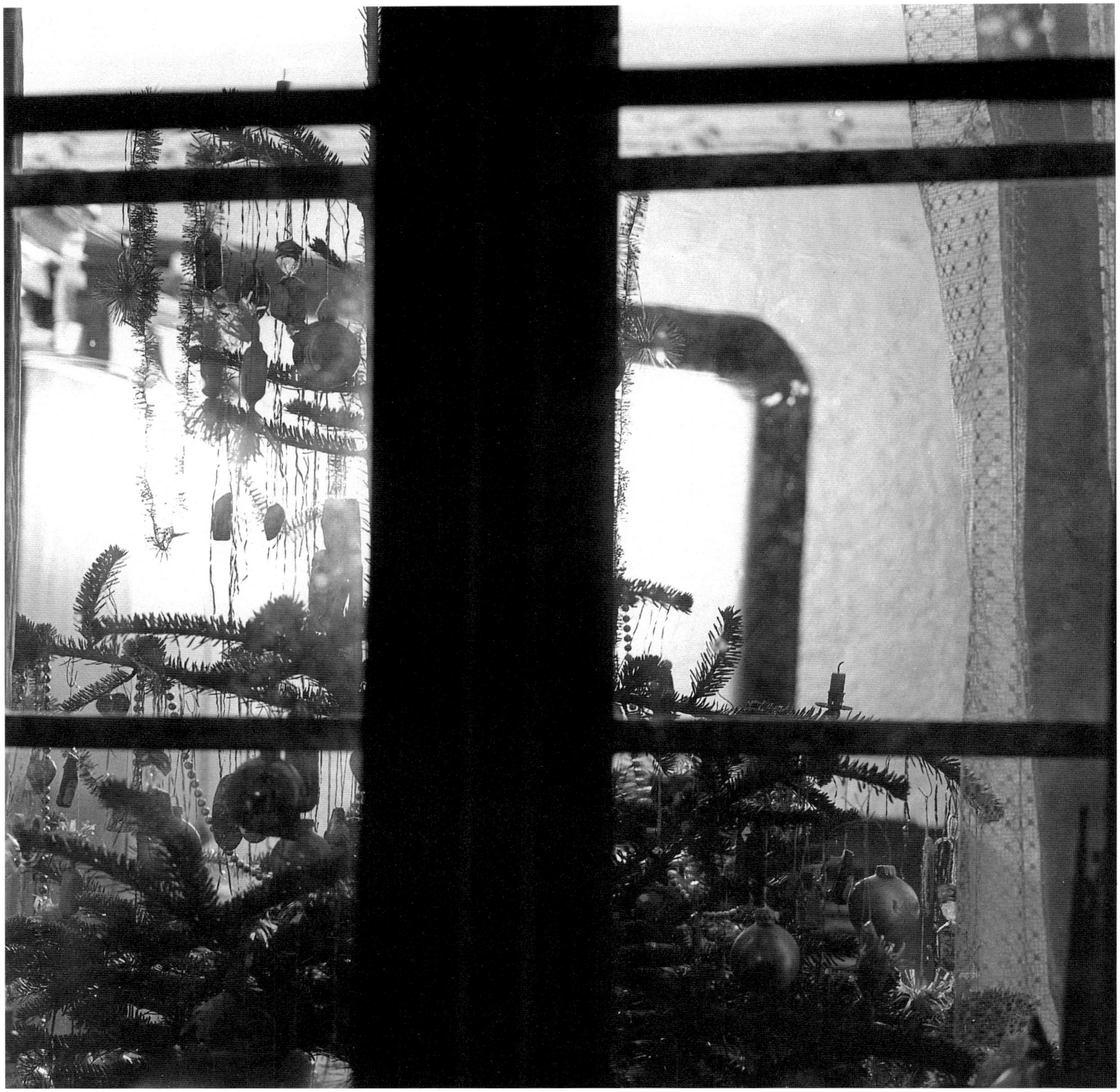

ur Ehre
der toten
und lebende
elden vo
Fraberg
Welt-
Krieg
1914
1918

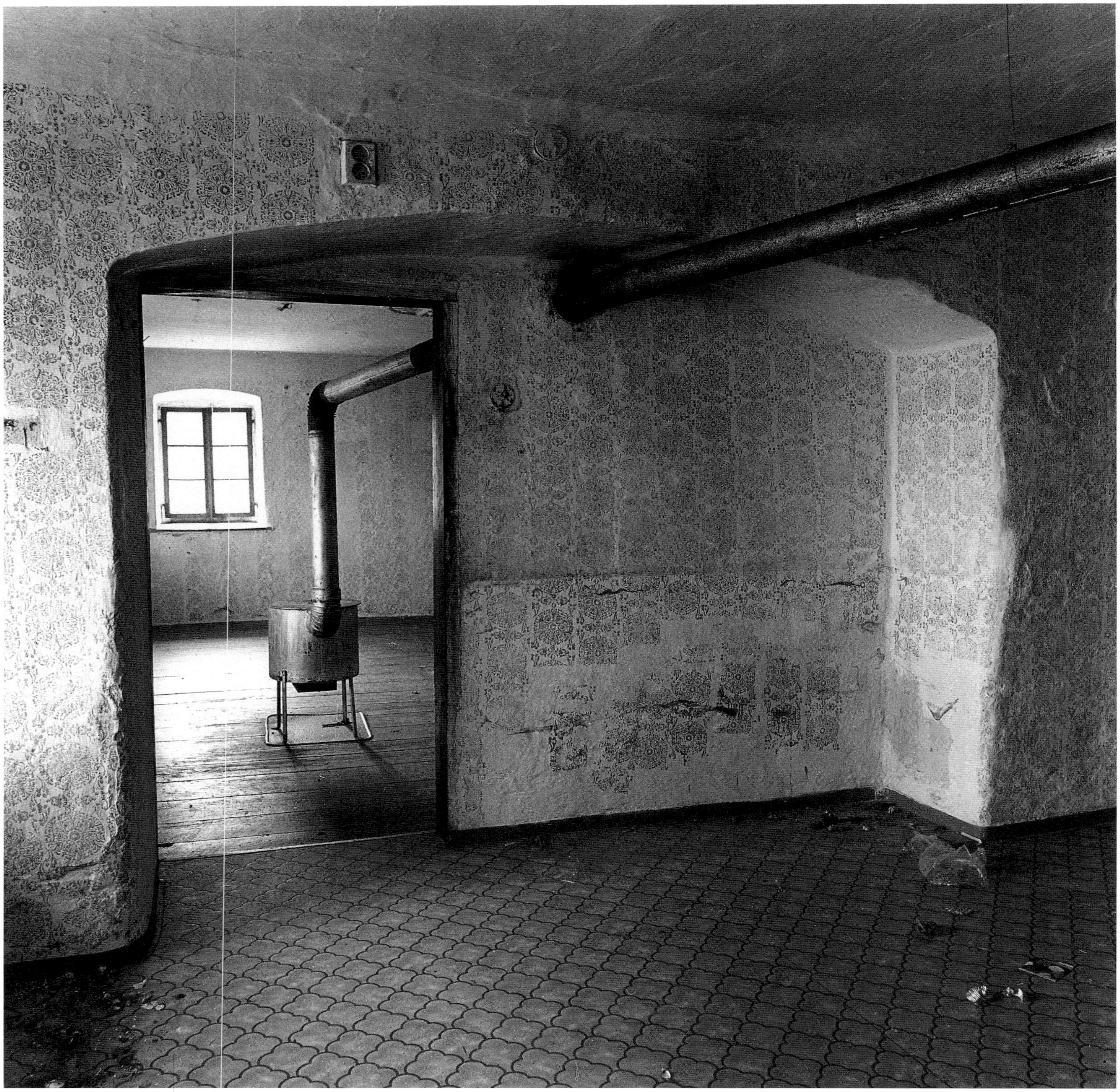

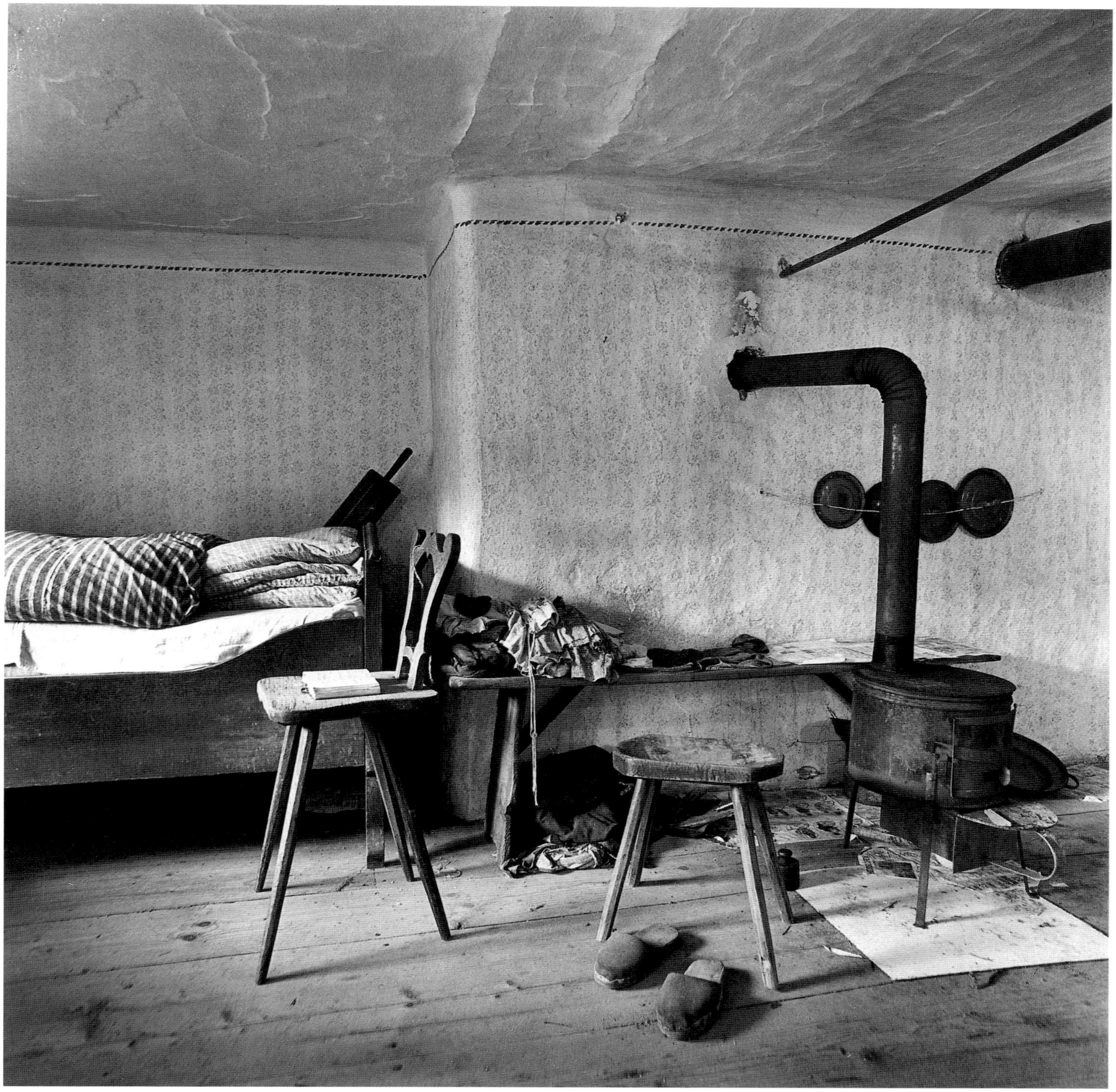

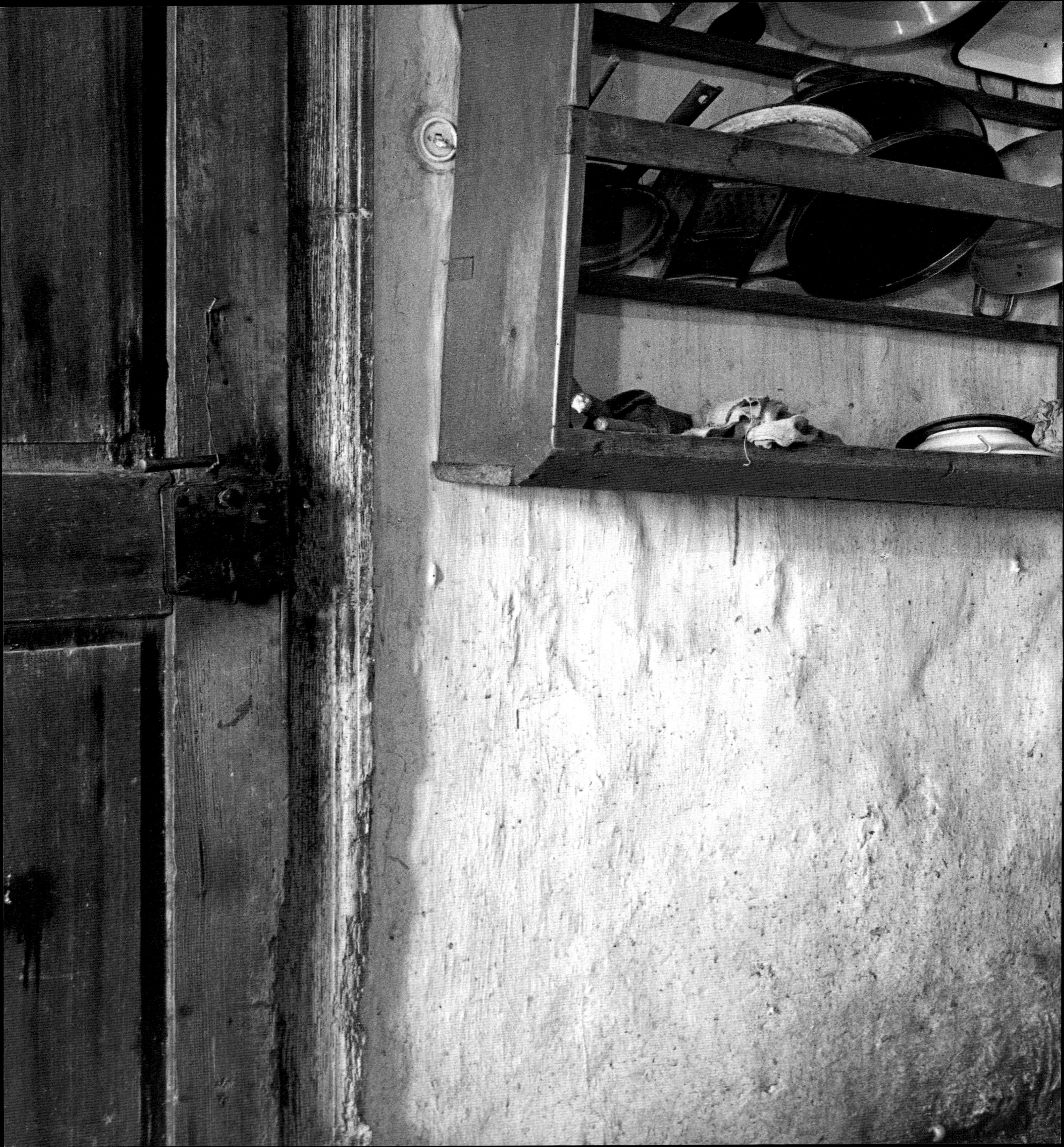

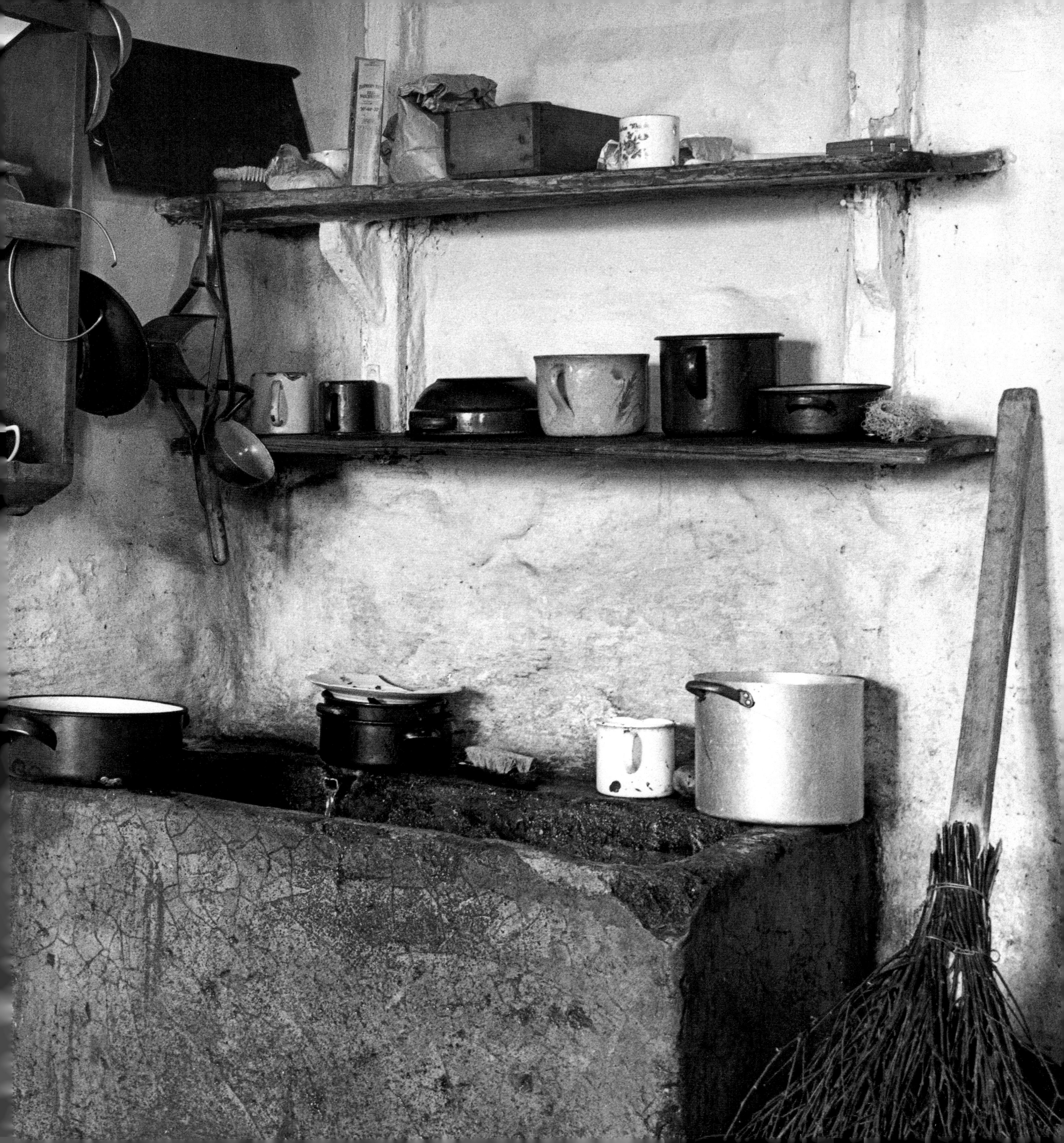

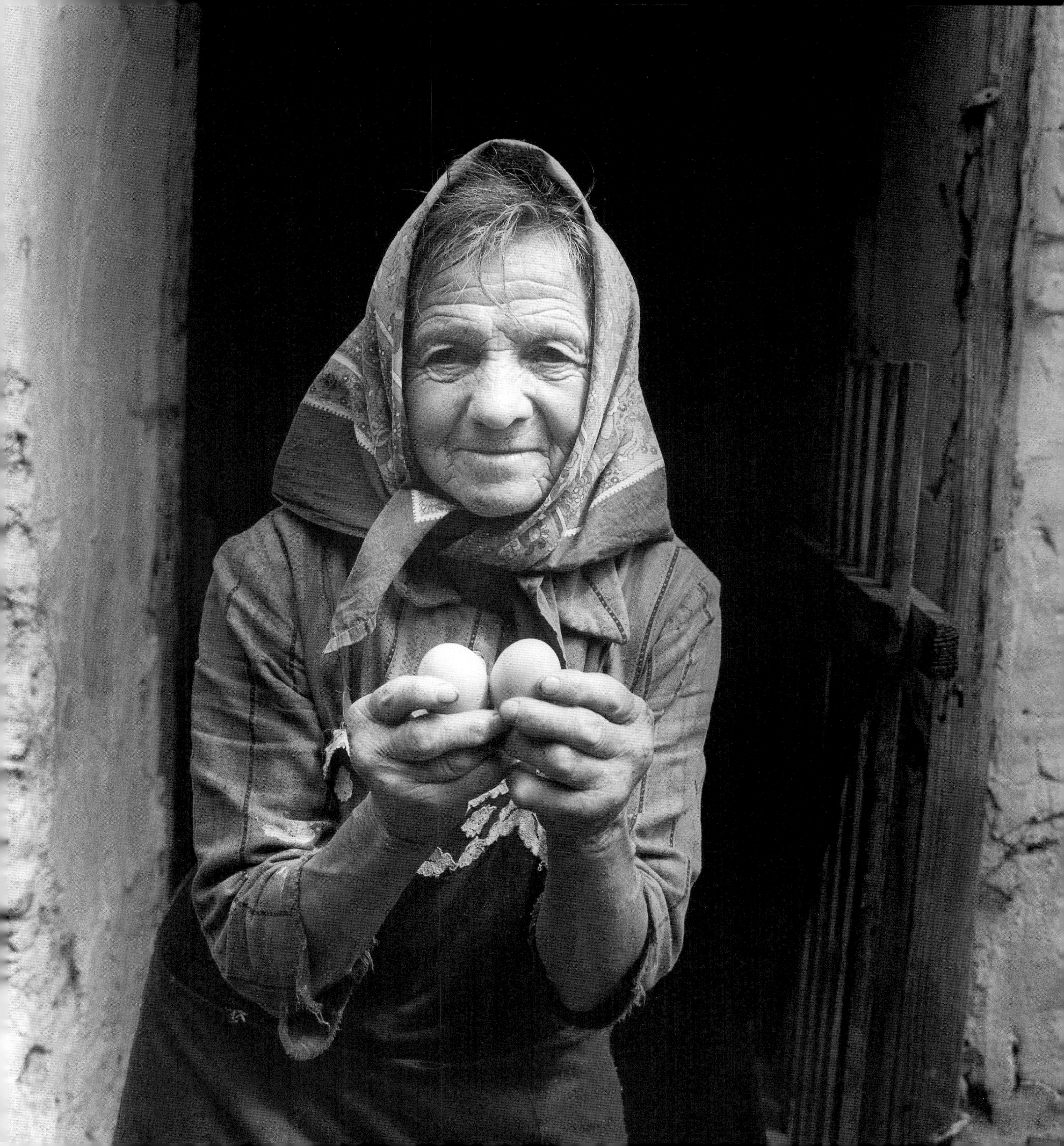

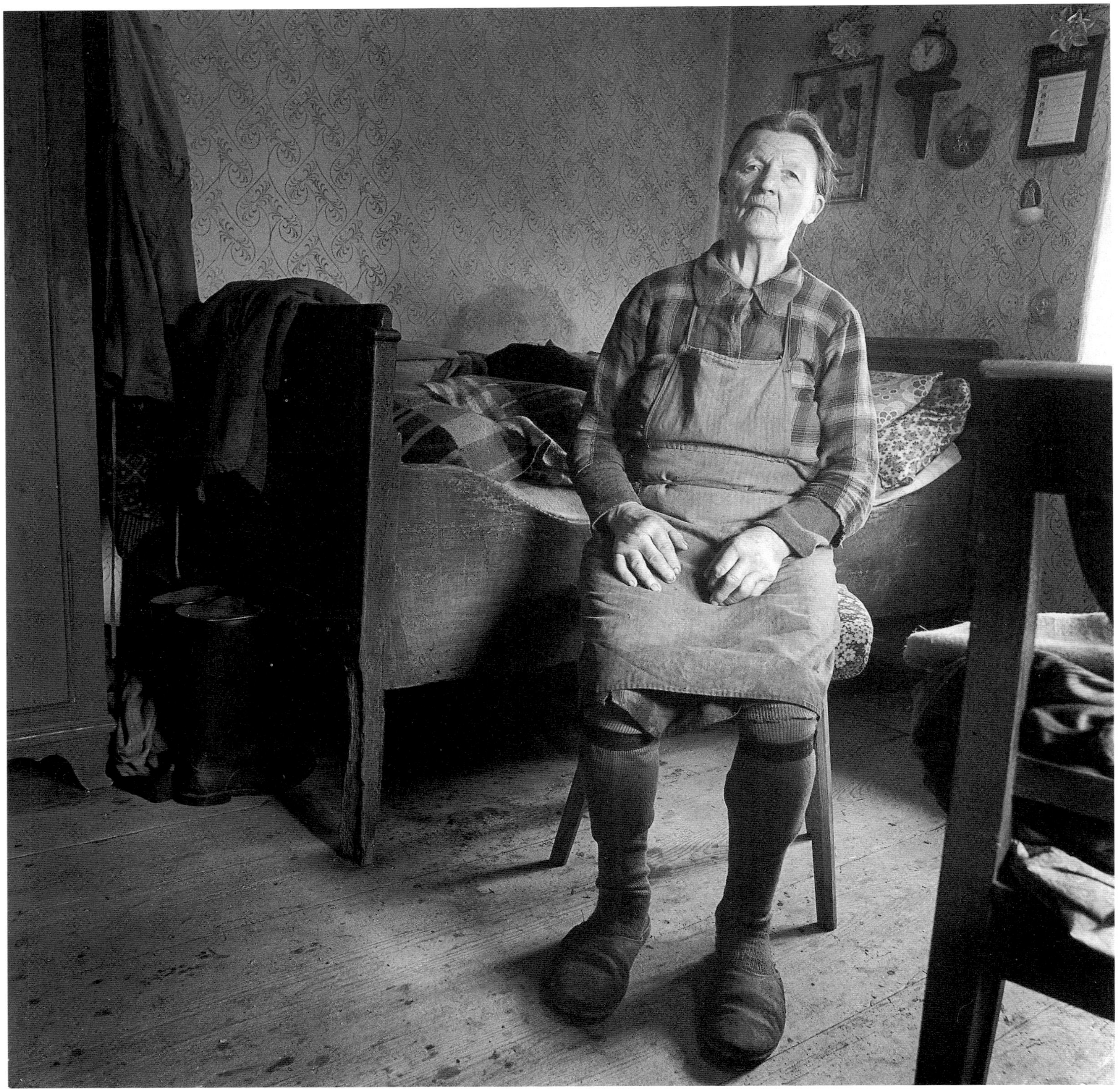

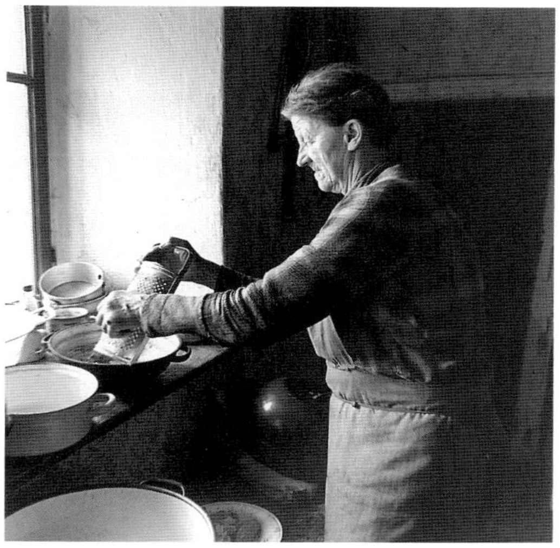
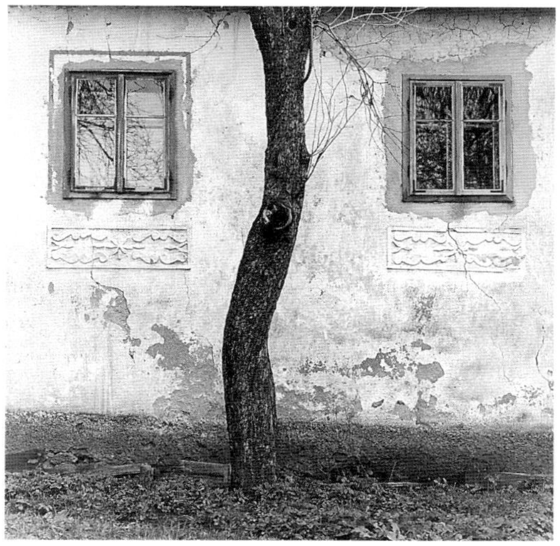
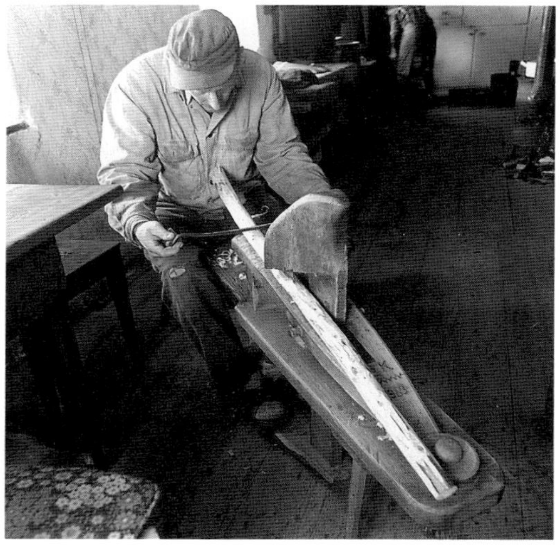
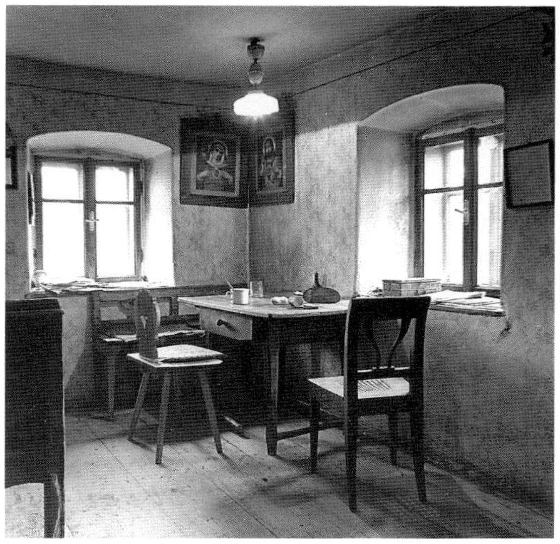
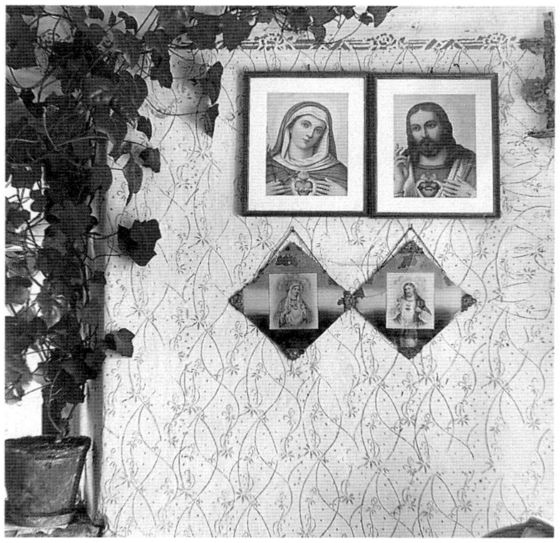
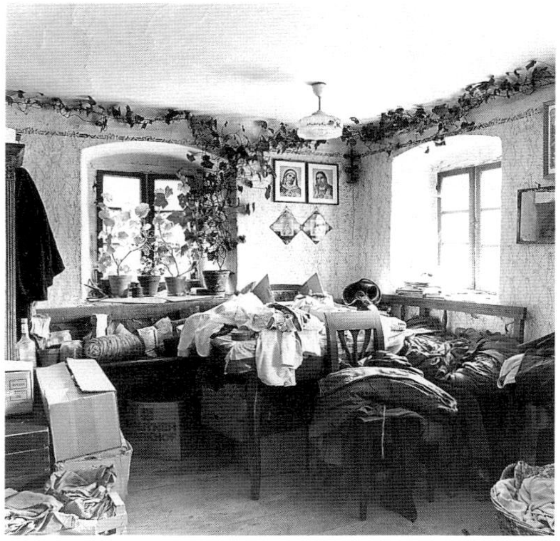
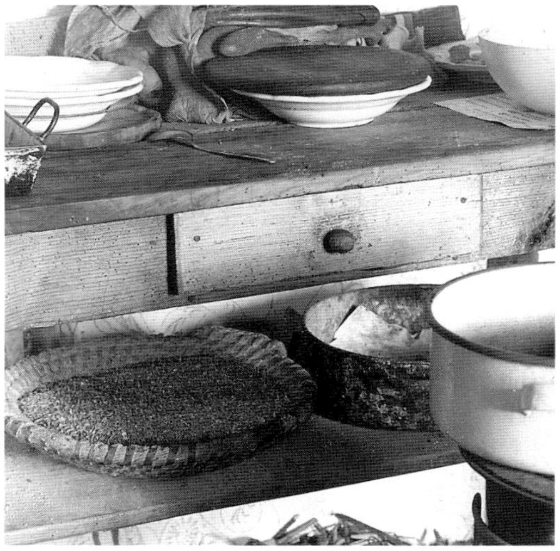
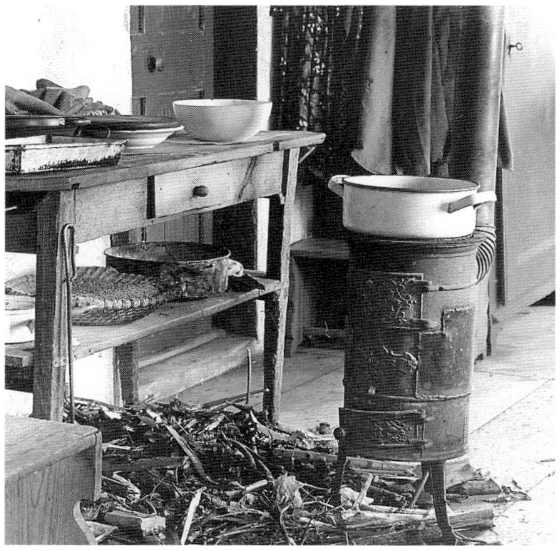
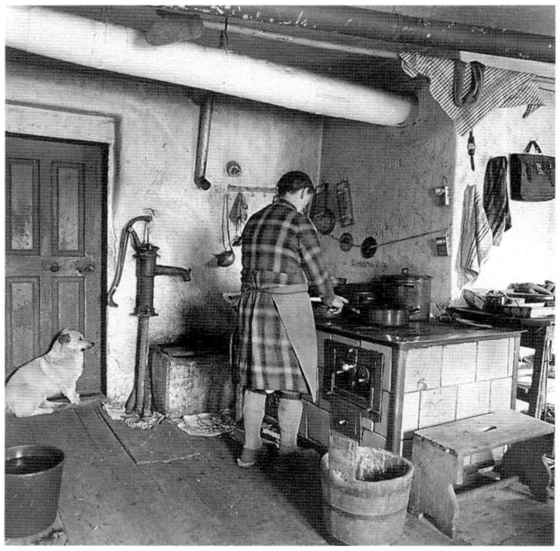

Franz Czermak Kaufmann
GOLD FASSL PILS
NACHRICHTEN
Cappy
Rossbacher Magenbitter
0,75 l
8
Wunderlich
hier
Schmoll Pasta
Kronen Zeitung
Sexualattentäter überfiel Mädchen im Büroaufzug
38 62 82
804
Fanta

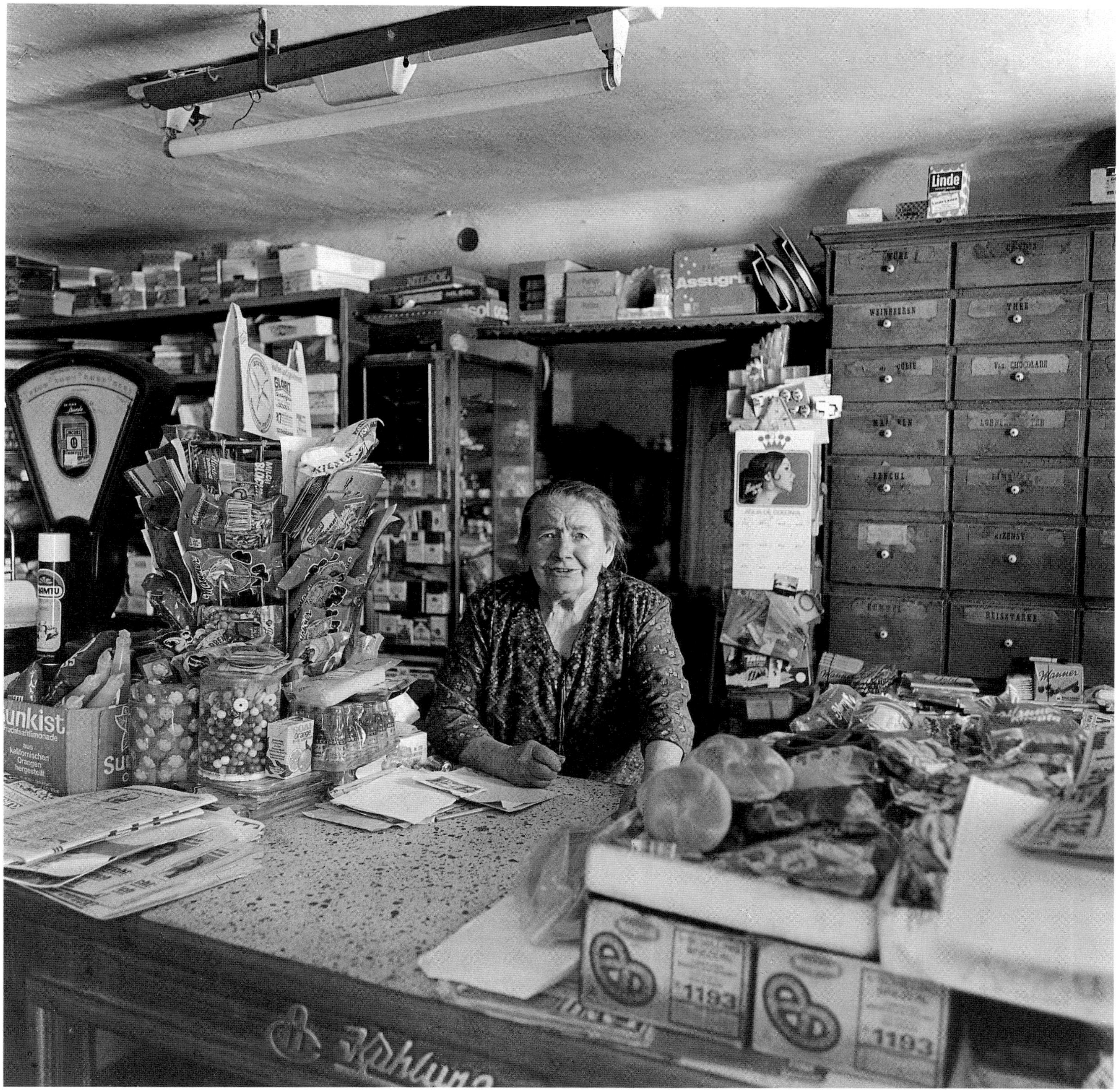
Linde
sunkist
WEINBEEREN
THEE
Van CHOCOLADE
1193
1193

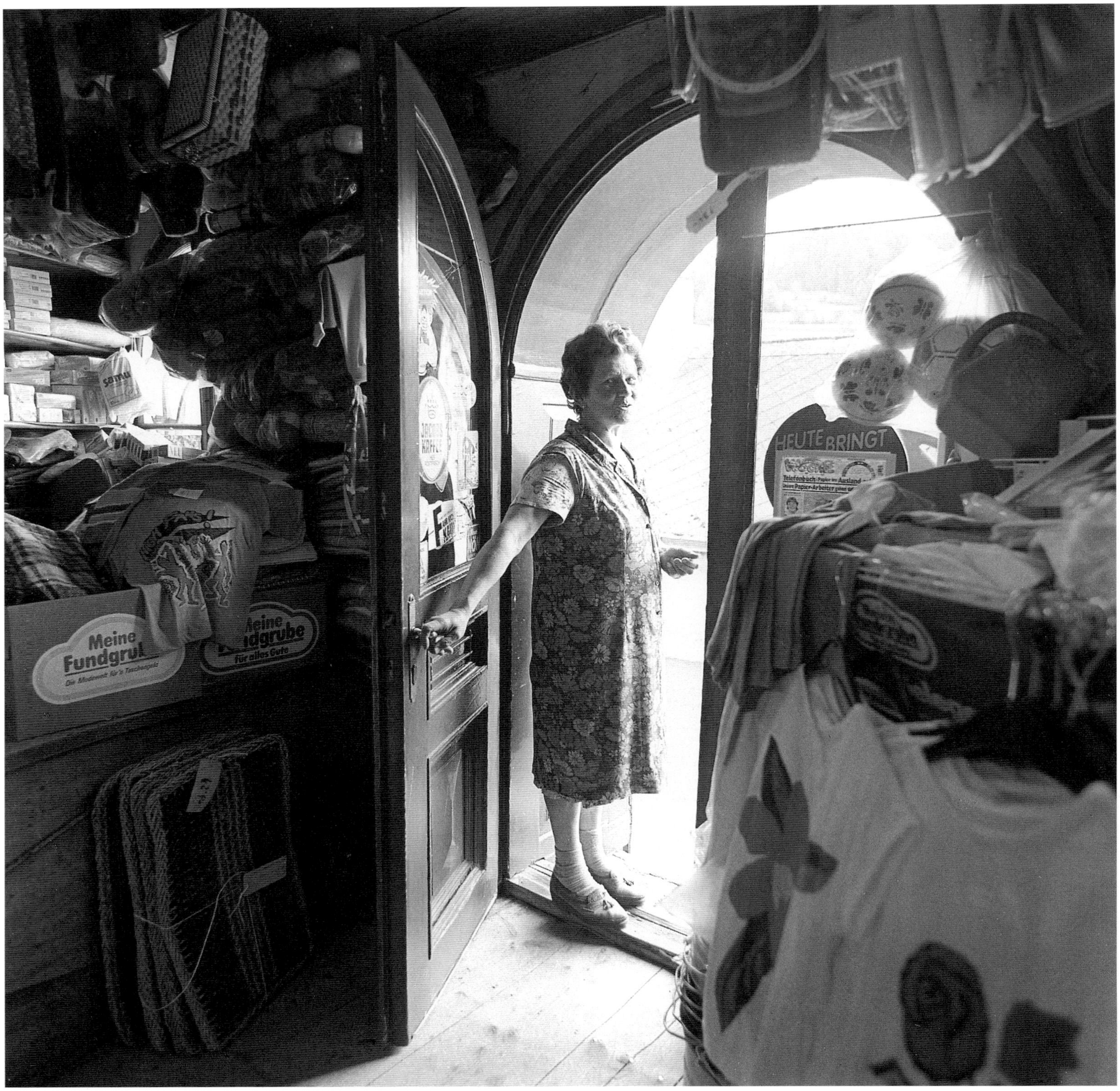

HEUTE BRINGT
Meine
Meine
für alles Gute

E PRICHENFRIED GEMISCHTWA
besser
billiger
bunter
FERNSEH
WOCHE

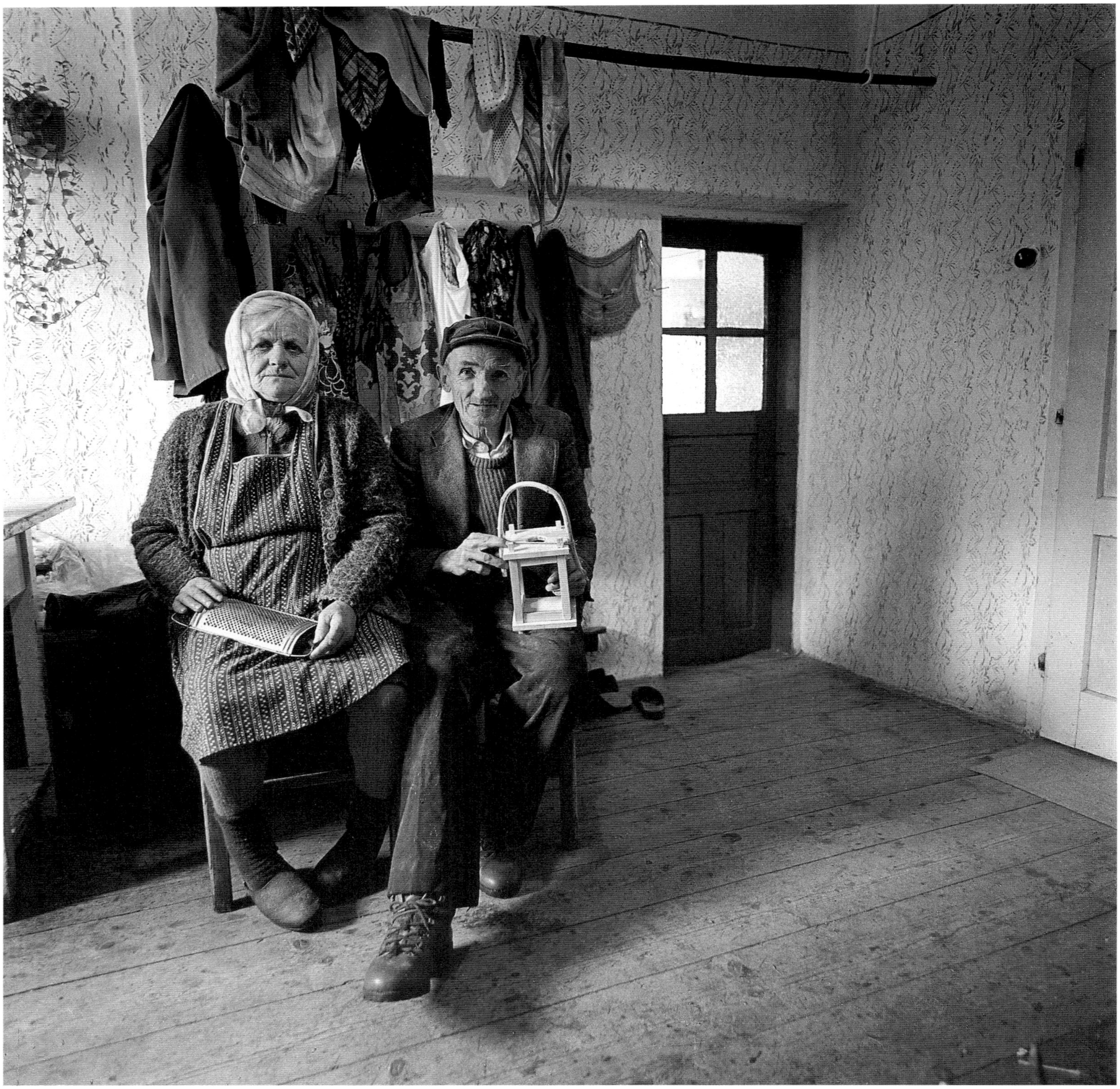

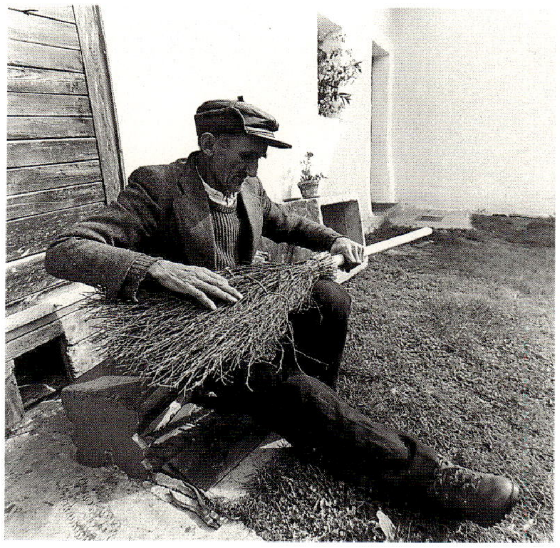
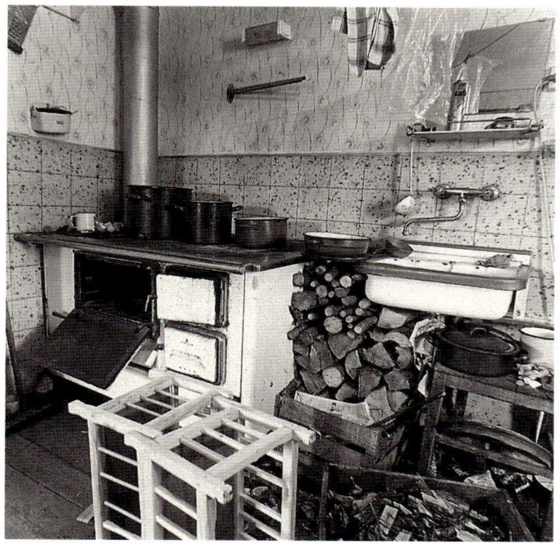
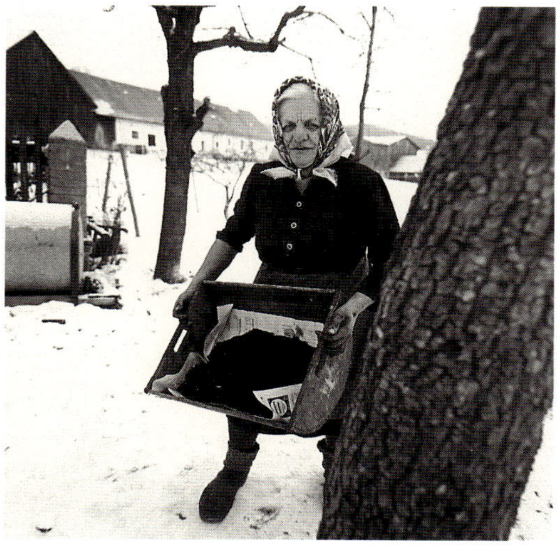
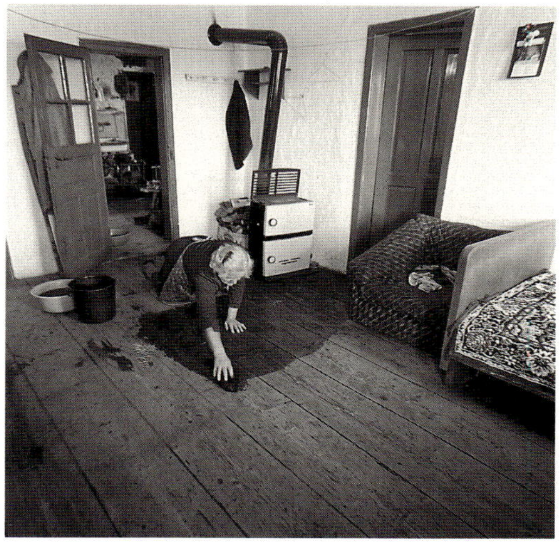
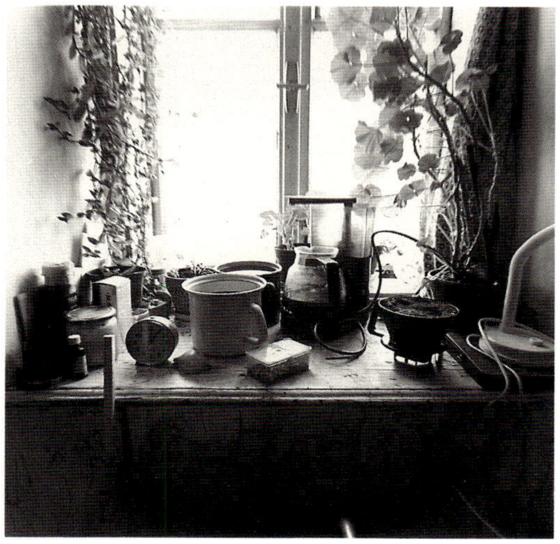
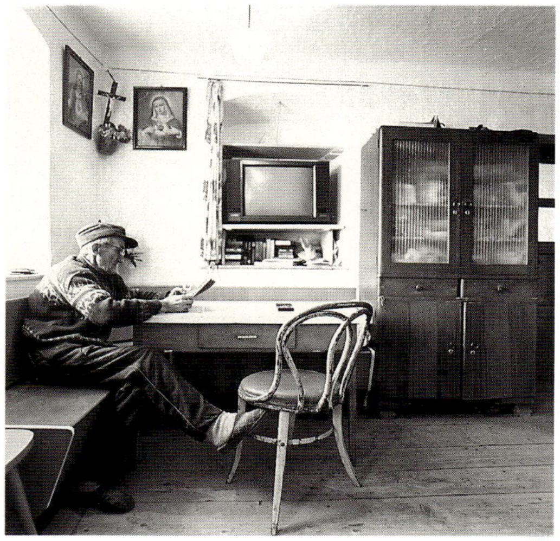
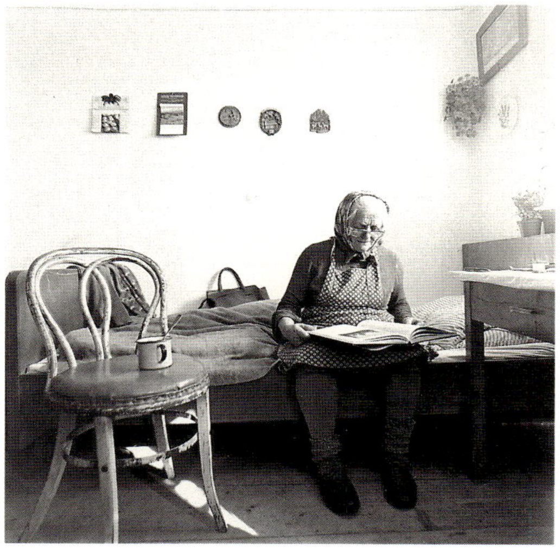
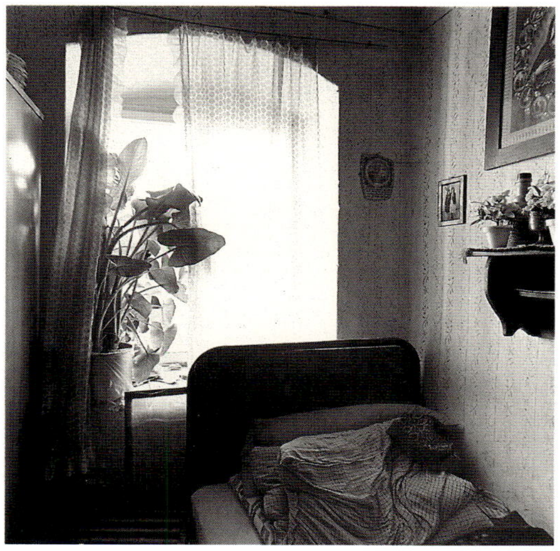
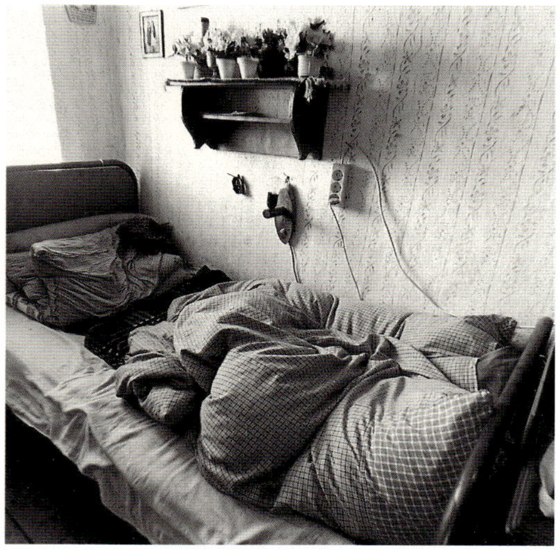

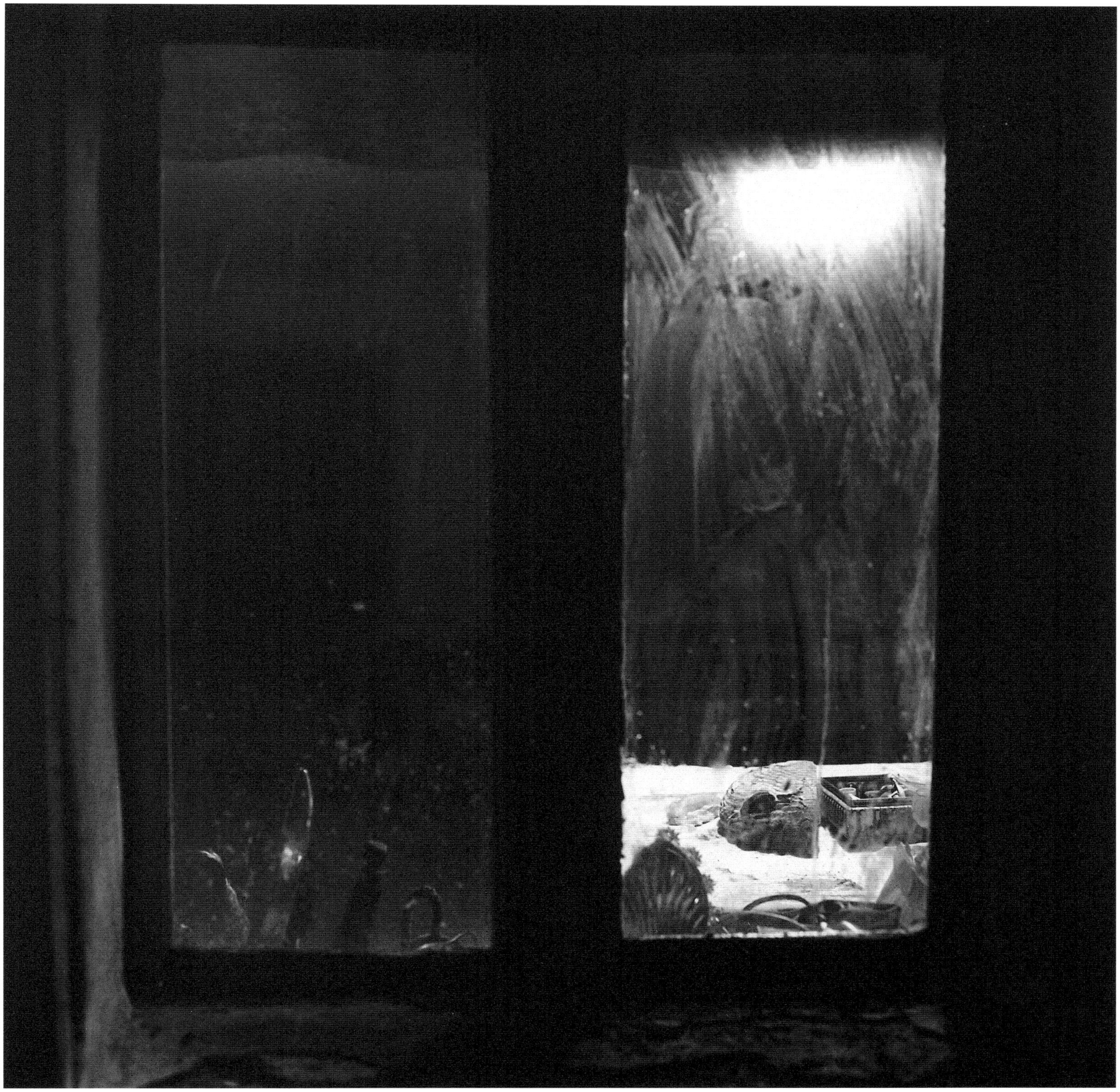

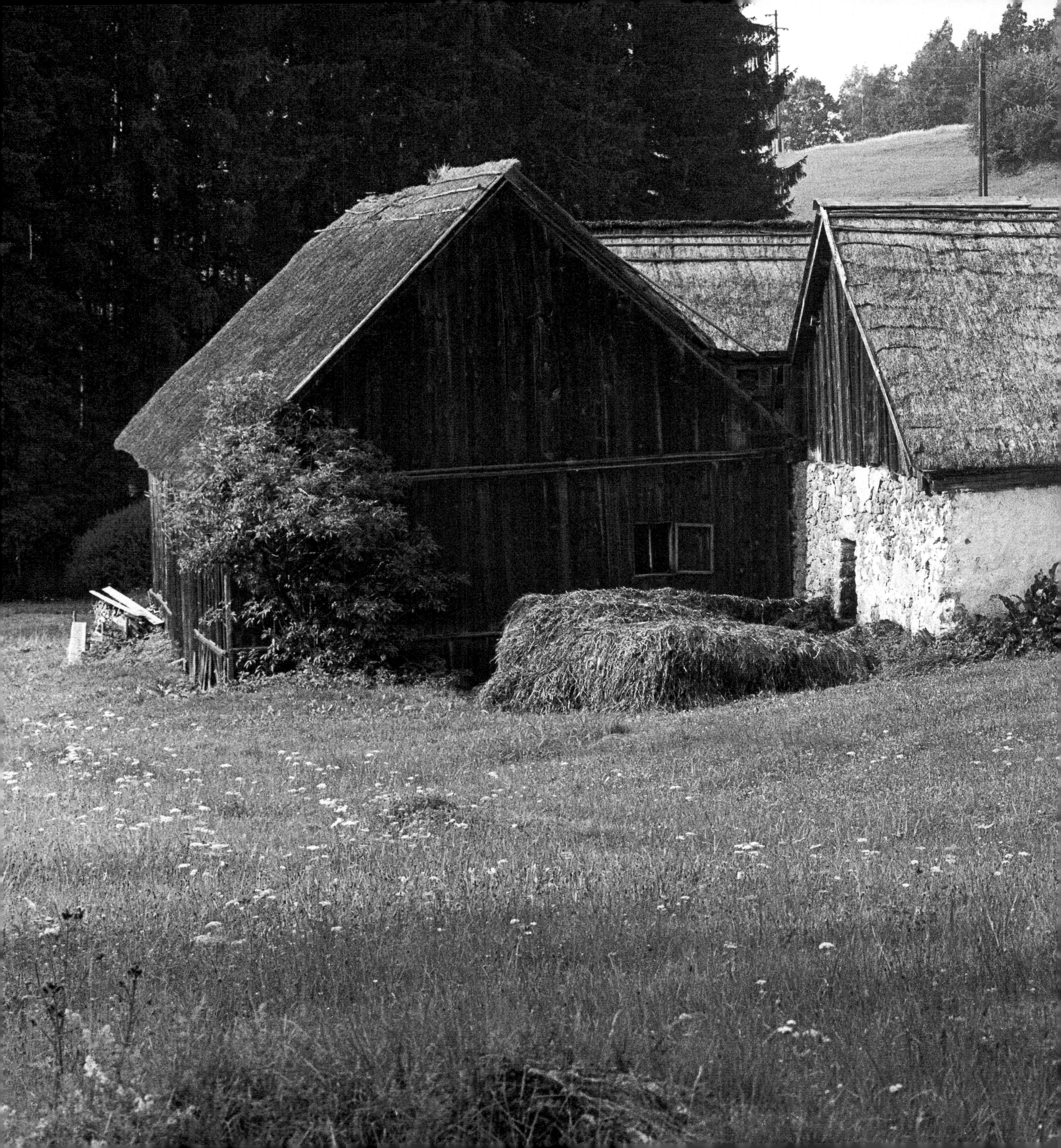

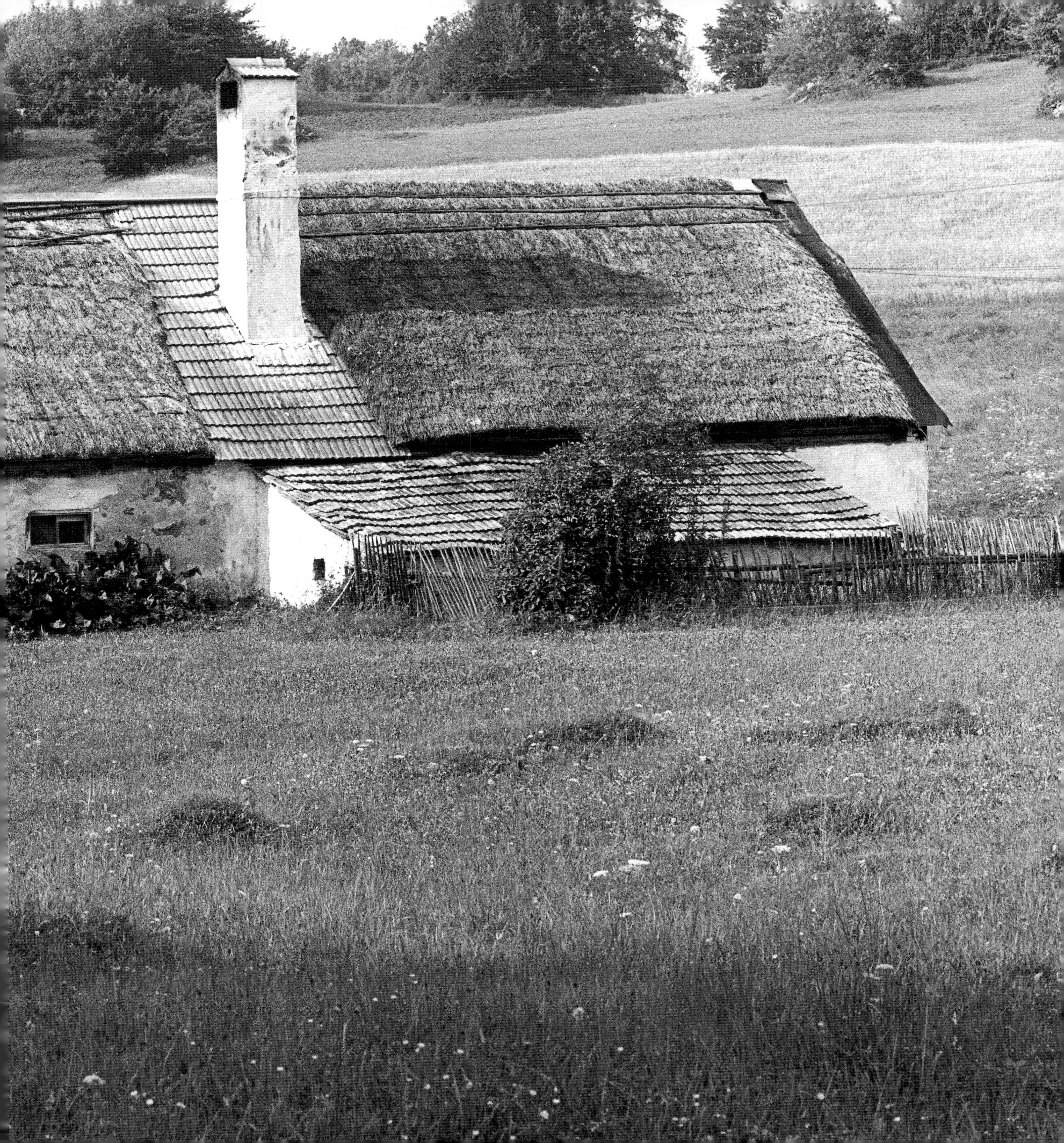

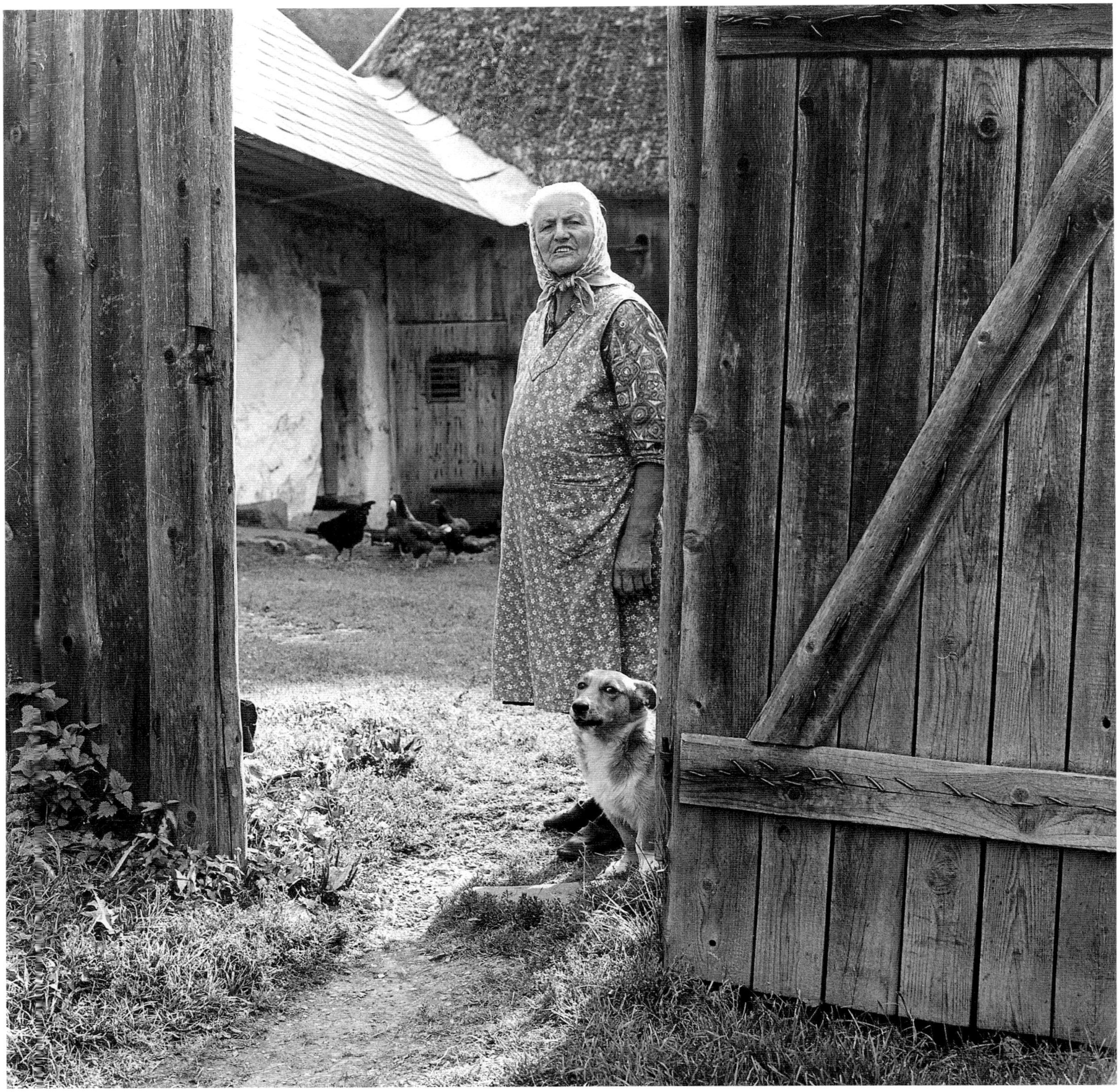

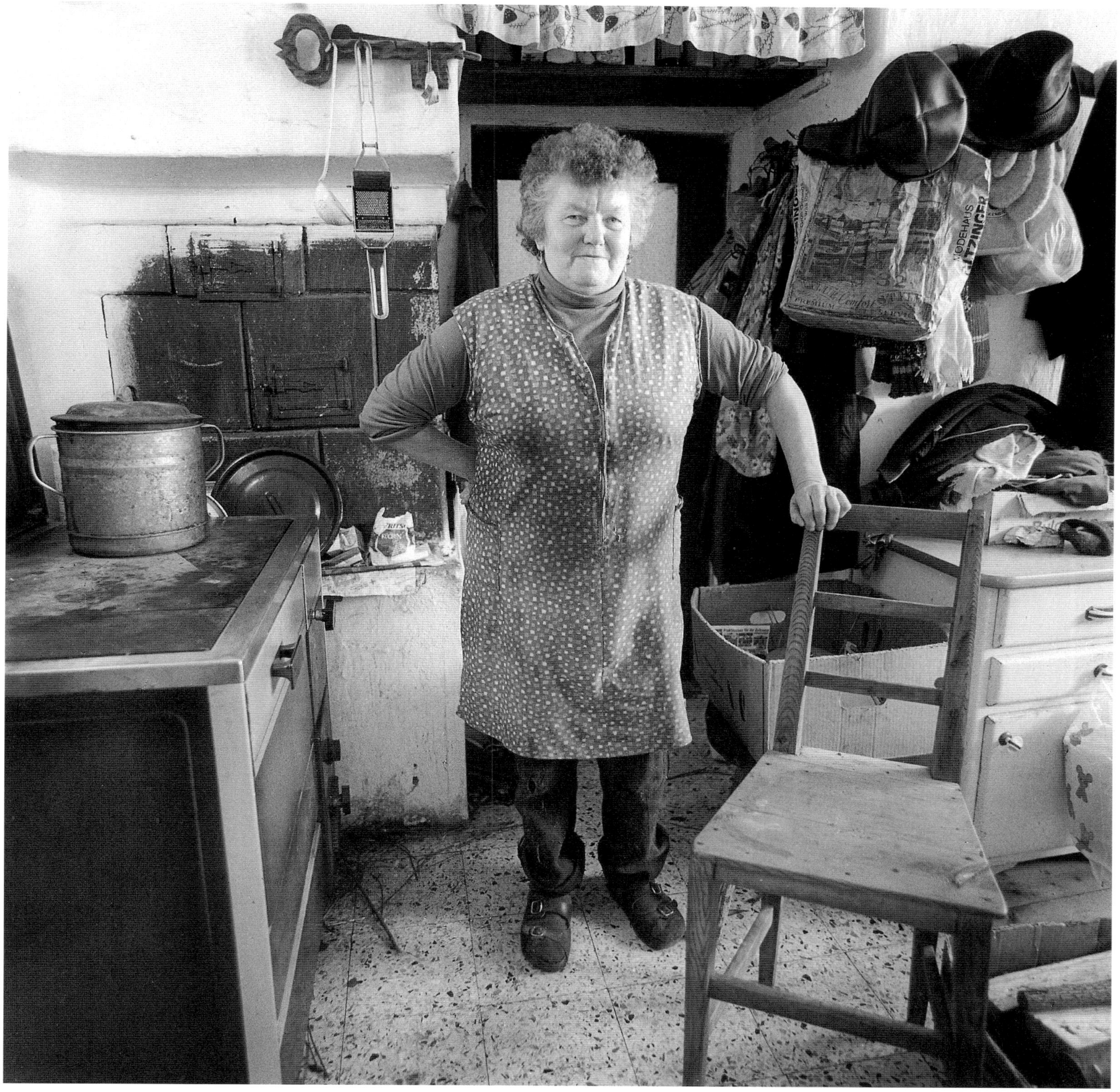

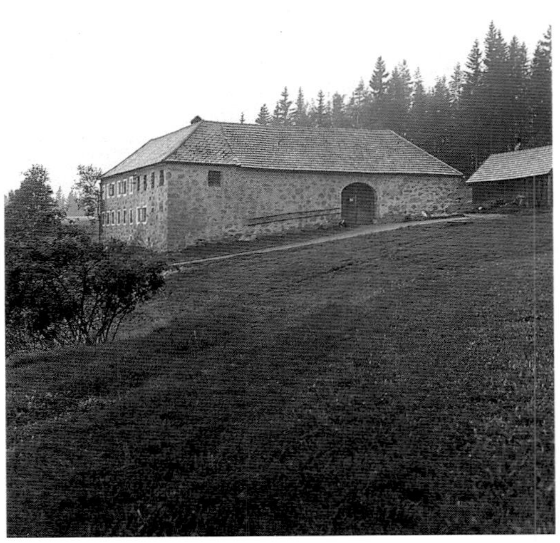
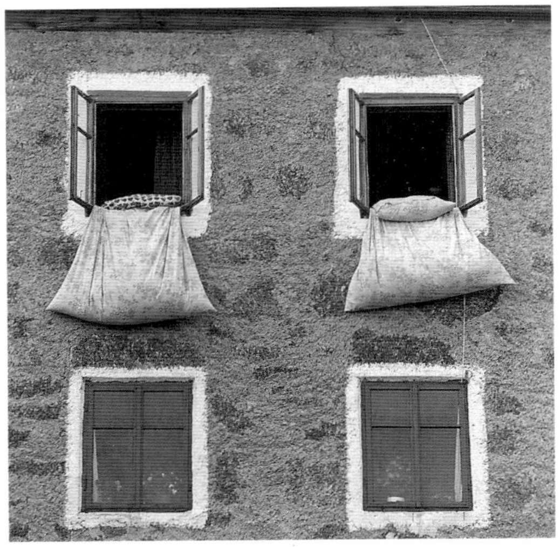
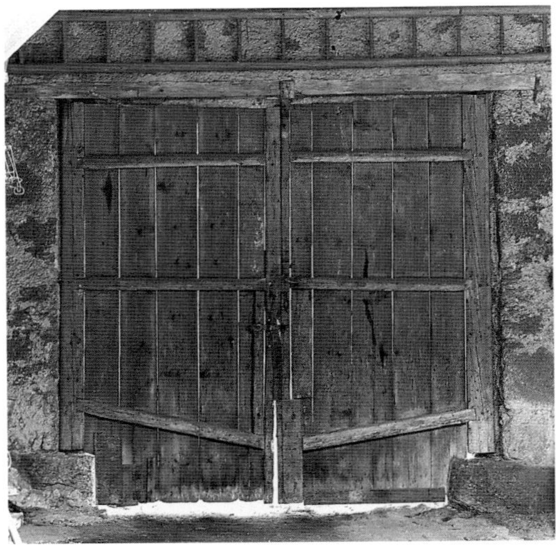
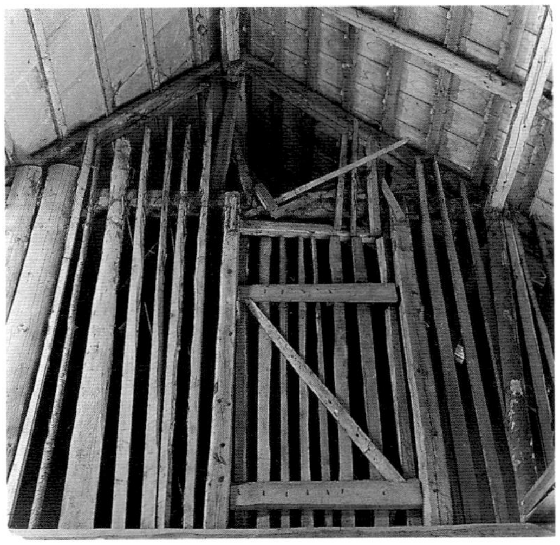
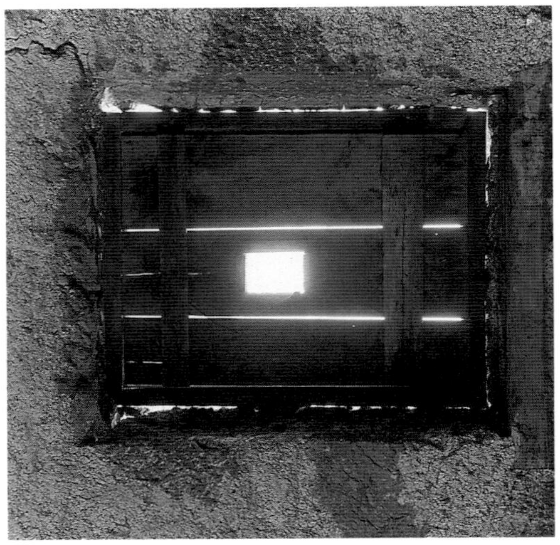
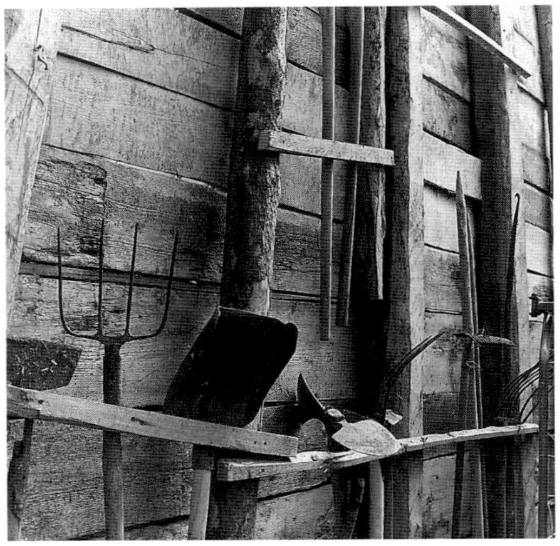
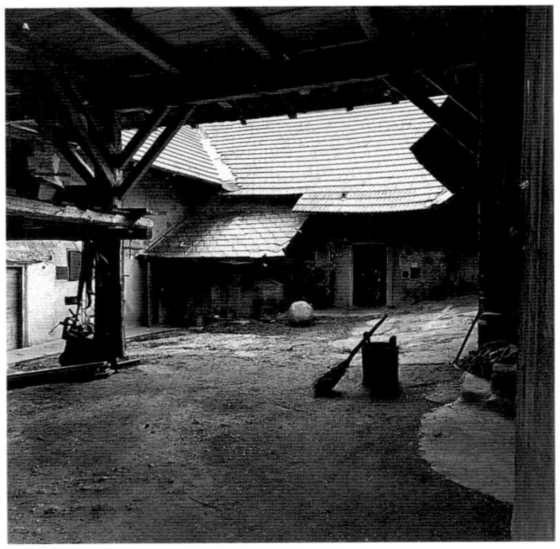
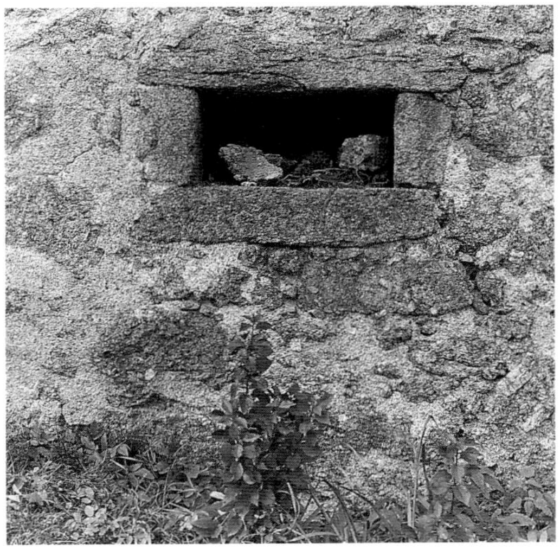
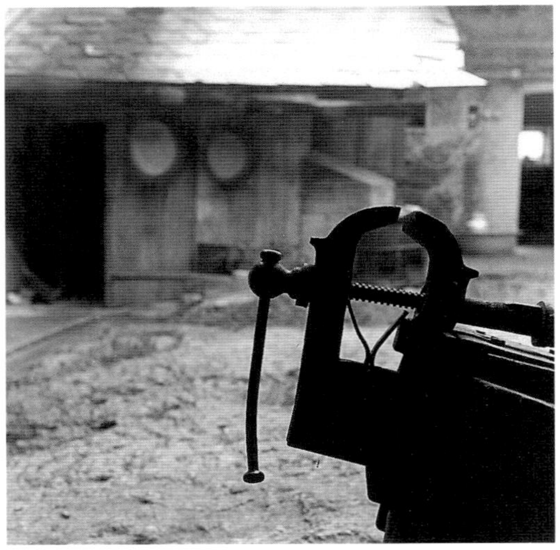

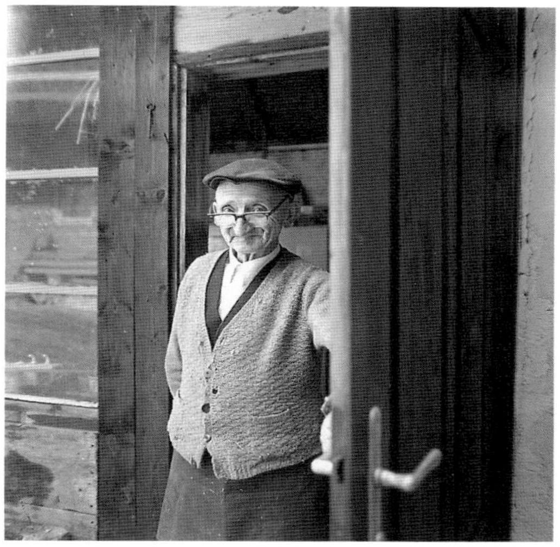
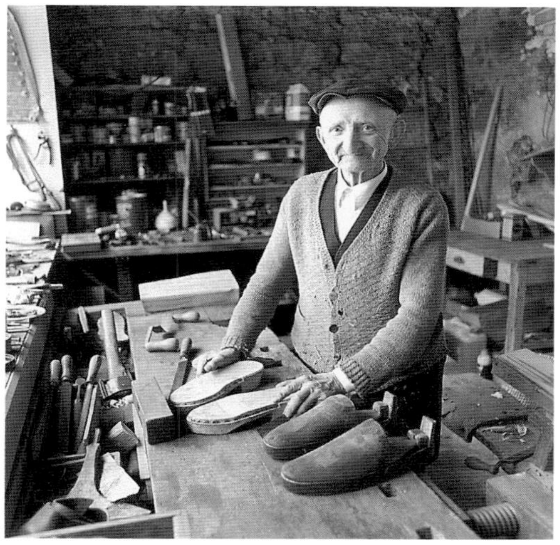
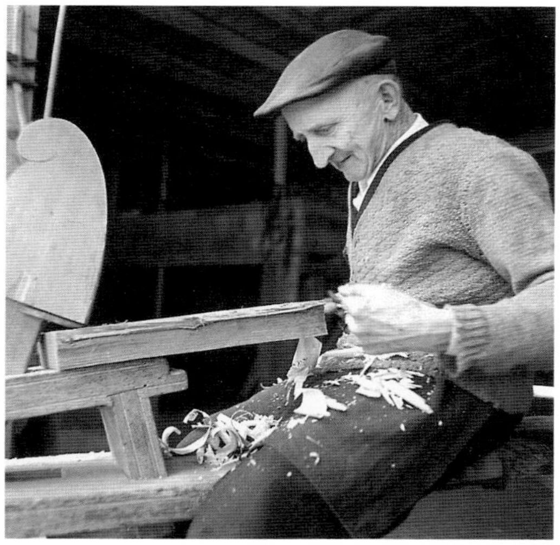
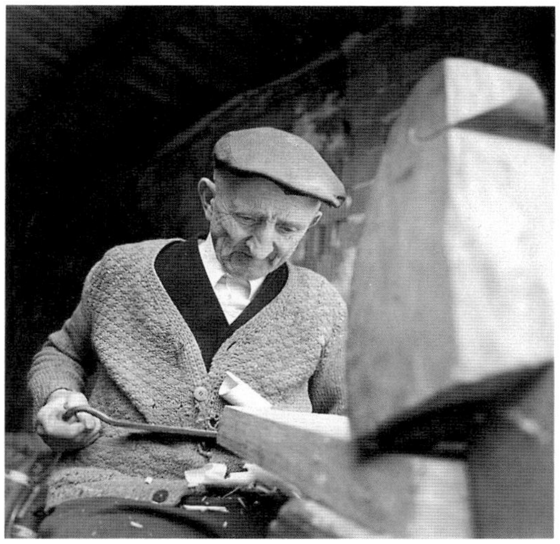
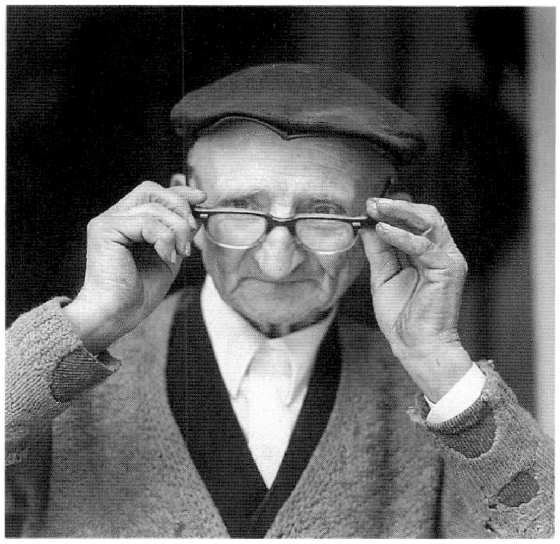
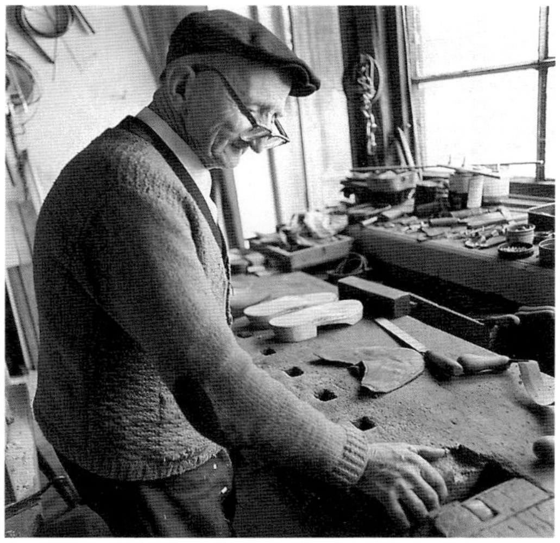
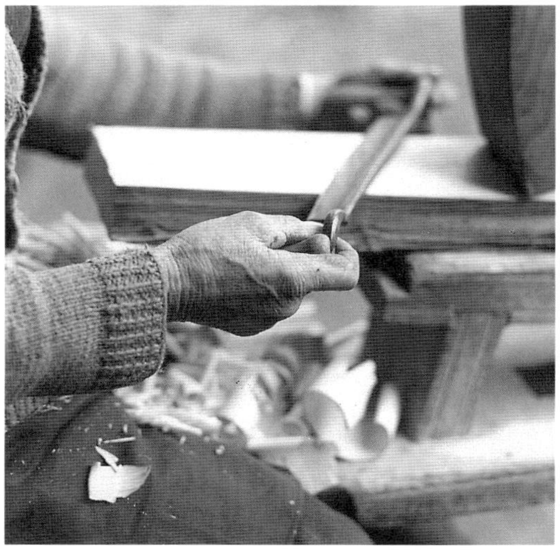
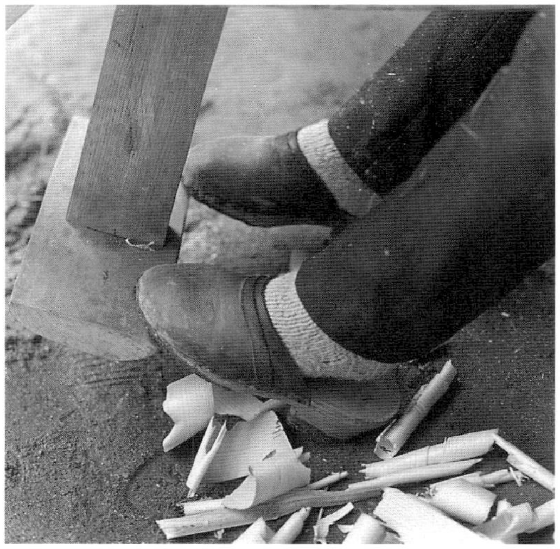
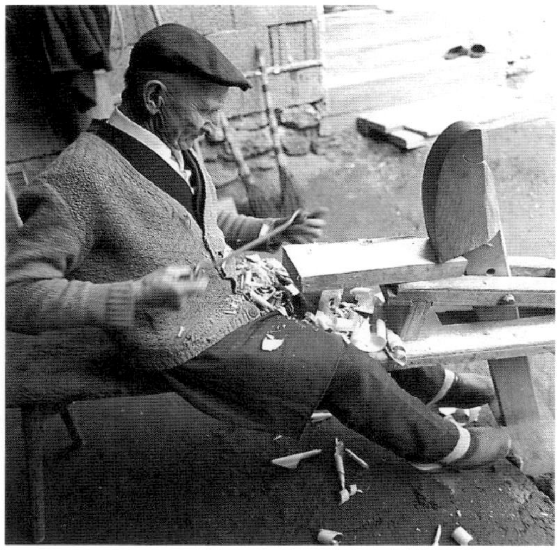

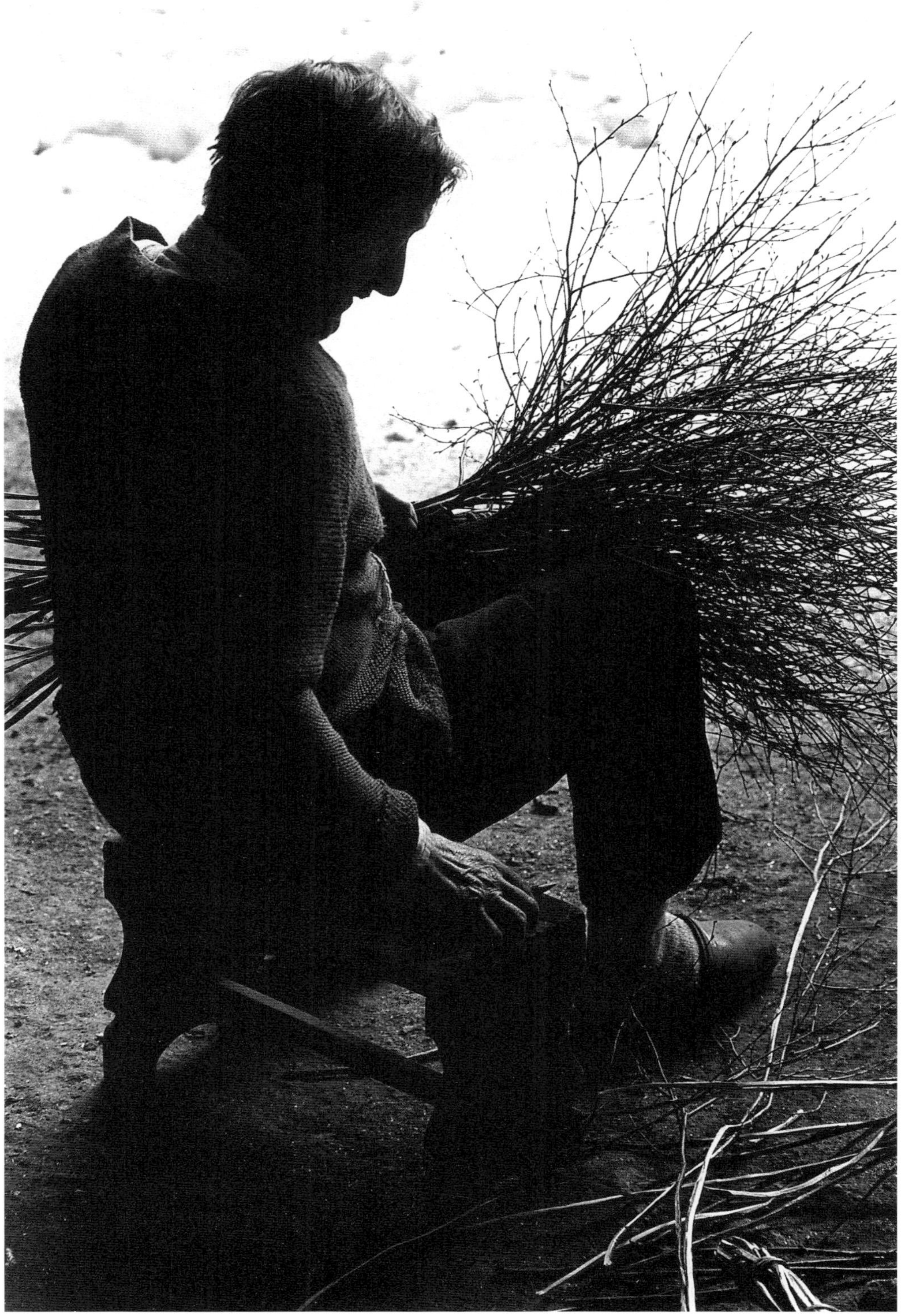

Bei uns in dem schönen Walde gehen die Menschen weit auseinander. Wenn ich von dem alten Manne beginne, der mit bleicher Lederkappe, schlechter Jacke, alten, lang dauernden Lederhosen, blauen Strümpfen und schweren Schnallenschuhen auf einem Rückengerüste Glas oder andere Dinge durch den Wald trägt, oder von dem Manne, der mit den Seinigen in der tiefen Wildnis ist, in Hütten aus Tannenreisern wohnt und im grünen Sommer und auch im Winter bei klafterhohem Schnee Kohlen brennt oder in Löchern oder ungeschlachten Öfen Teer oder Wagenschmiere oder andere Dinge kocht, von dem zu schweigen, der Feuerschwamm oder Wurzeln und Kräuter sammelt; wenn ich von den Leuten rede, welche an dem Holze arbeiten, den Baum umsägen und ihn in Scheiter schlagen, die auf Wägen oder Wässern weiter gefördert werden, oder von den Leuten, welche in einem Steingefilde der Wälder sitzen und Tröge, Schwellen, Kufen, Platten, Würfel, Bottiche aus Steinen hauen, welche Leute wie die Holzarbeiter selten zu den Hütten der Ihrigen hinaus kommen, die schon dort wohnen, wo die Ziegenwirtschaft beginnt, und schon kleine Feldchen und Gärtchen bei den Hütten sind und wo auch die hausen, welche Reifen für die Faßbinder sammeln, Stäbe für Gärtner, Stangen für den Hopfenbau schneiden, Dauben und Schindel für den Dachdecker machen oder Klötze zu Felgen, Naben, Achsen, Grundeln für Wägen und Pflüge herrichten.

AUS DER MAPPE MEINES URGROSSVATERS

Wenn eine Fläche des Waldes abgeschlagen ist, wenn die Scheite geordnet, getrocknet, weggeführt sind, wenn die Reisige verbrannt wurden, wenn man keine Hütte der Holzhauer mehr sieht und die Arbeiter fortgegangen sind, dann ist der erste Teil des Lebens eines Holzschlages aus, und es beginnt nun ein ganz anderer, stillerer, einfacherer, aber innigerer. Wenn die Halde leer dasteht, wenn sie nur mehr manchen schlechten stehengelassenen Baum, wie eine Rute gekrümmt, trägt, wenn die bloßgelegten Kräuter und Gesträuche des Waldes zerrüttet und welkend herum hängen, wenn mancher nicht ganz verbrannter Reisighaufen im Verwittern begriffen und ein anderer in den Boden getreten und verkohlt ist: dann steht die einsame, verlassene Bevölkerung von Strünken dahin, und es schaut der blaue Himmel und schauen die Wolken auf das offene Erdreich herein, das sie so viele Jahre nicht zu sehen bekommen haben.

DER BESCHRIEBENE TÄNNLING

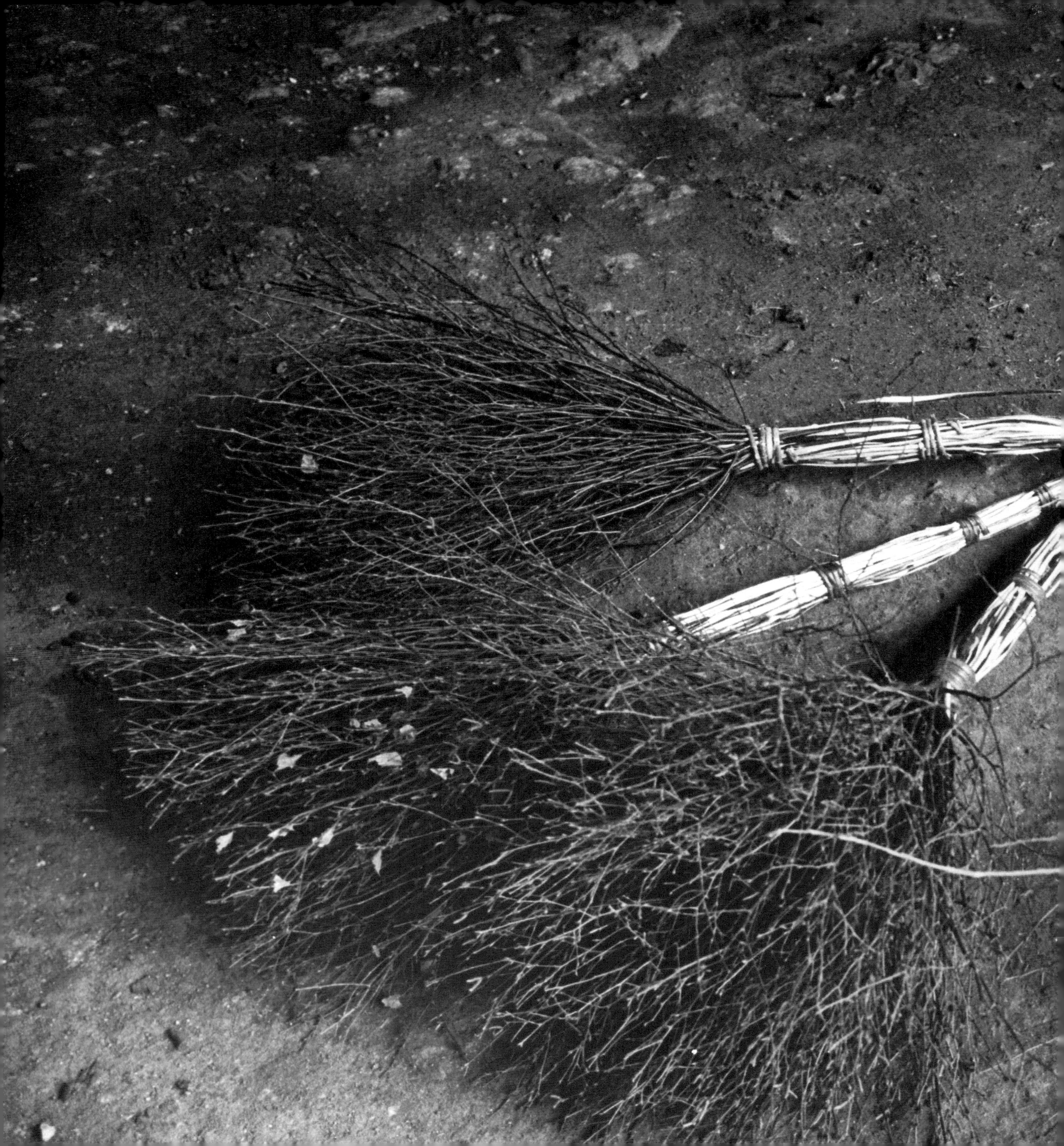

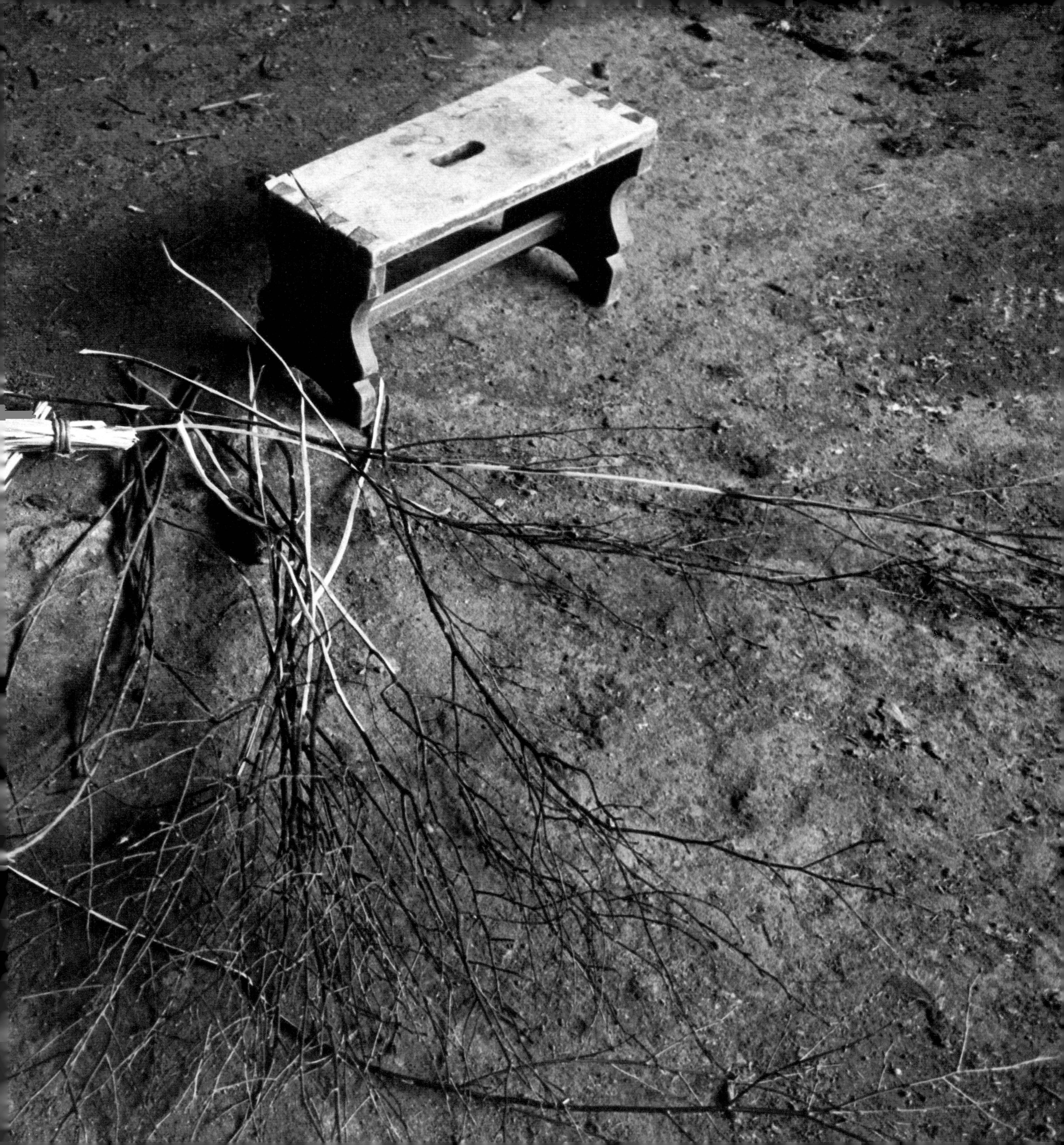

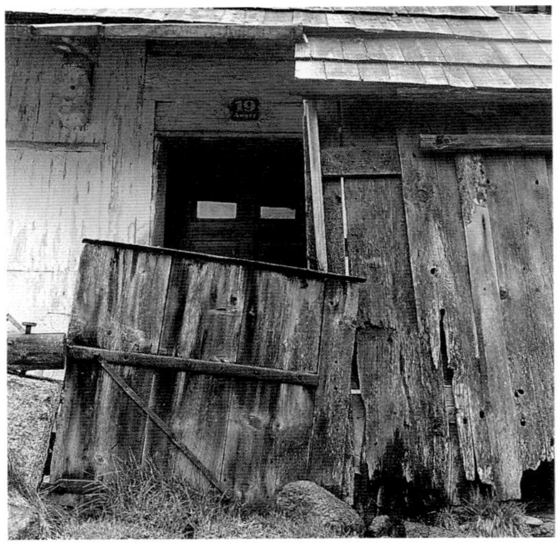
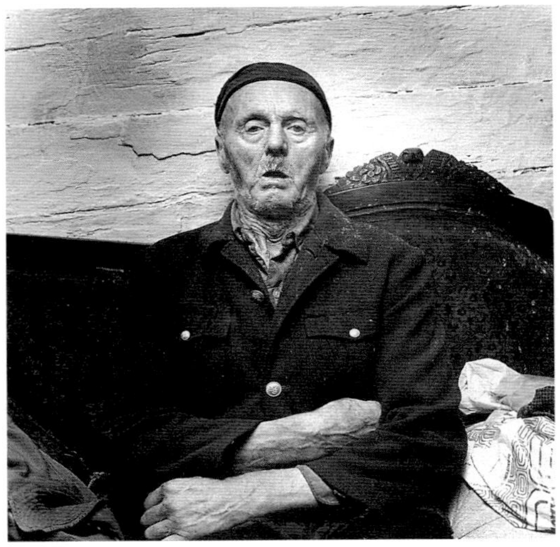
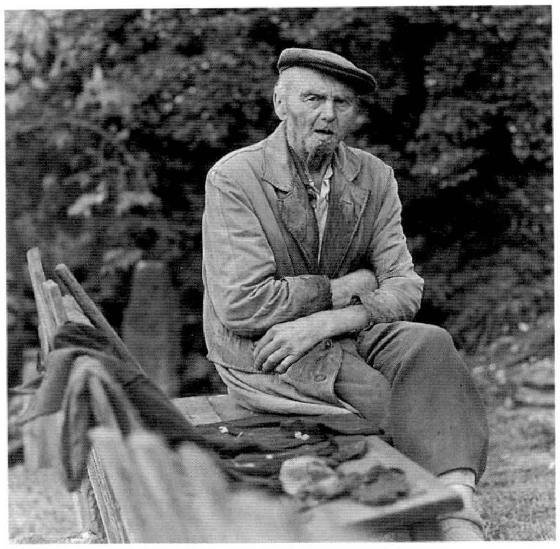
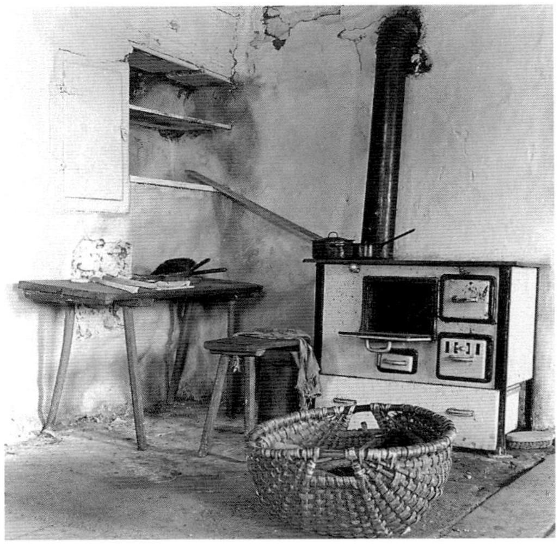
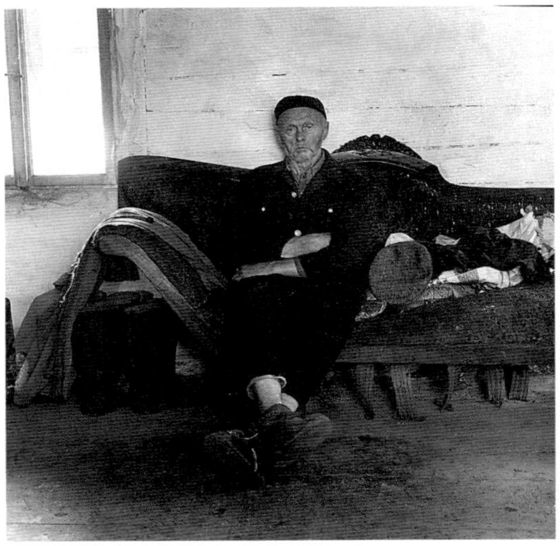
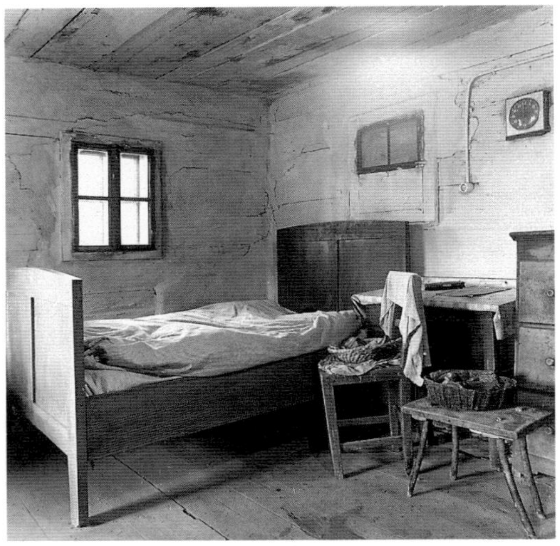
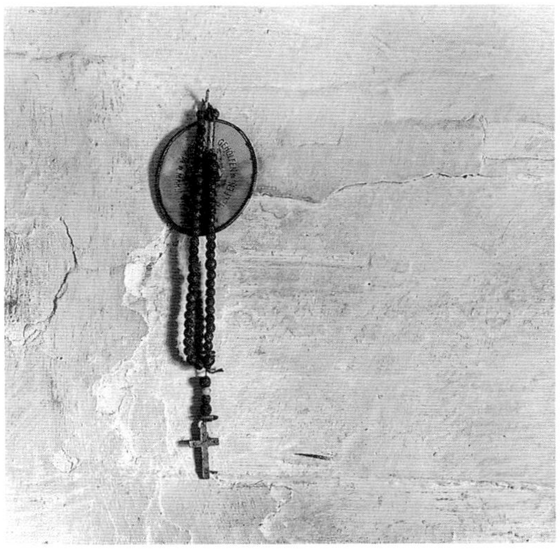
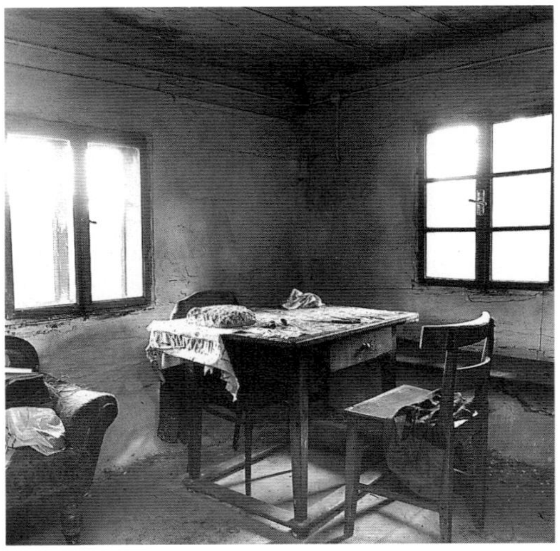
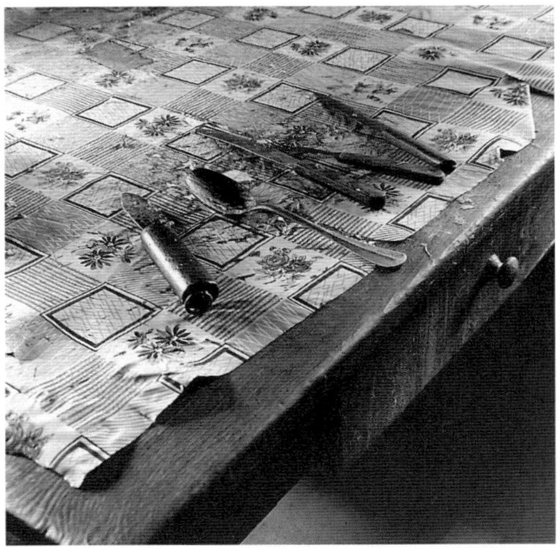

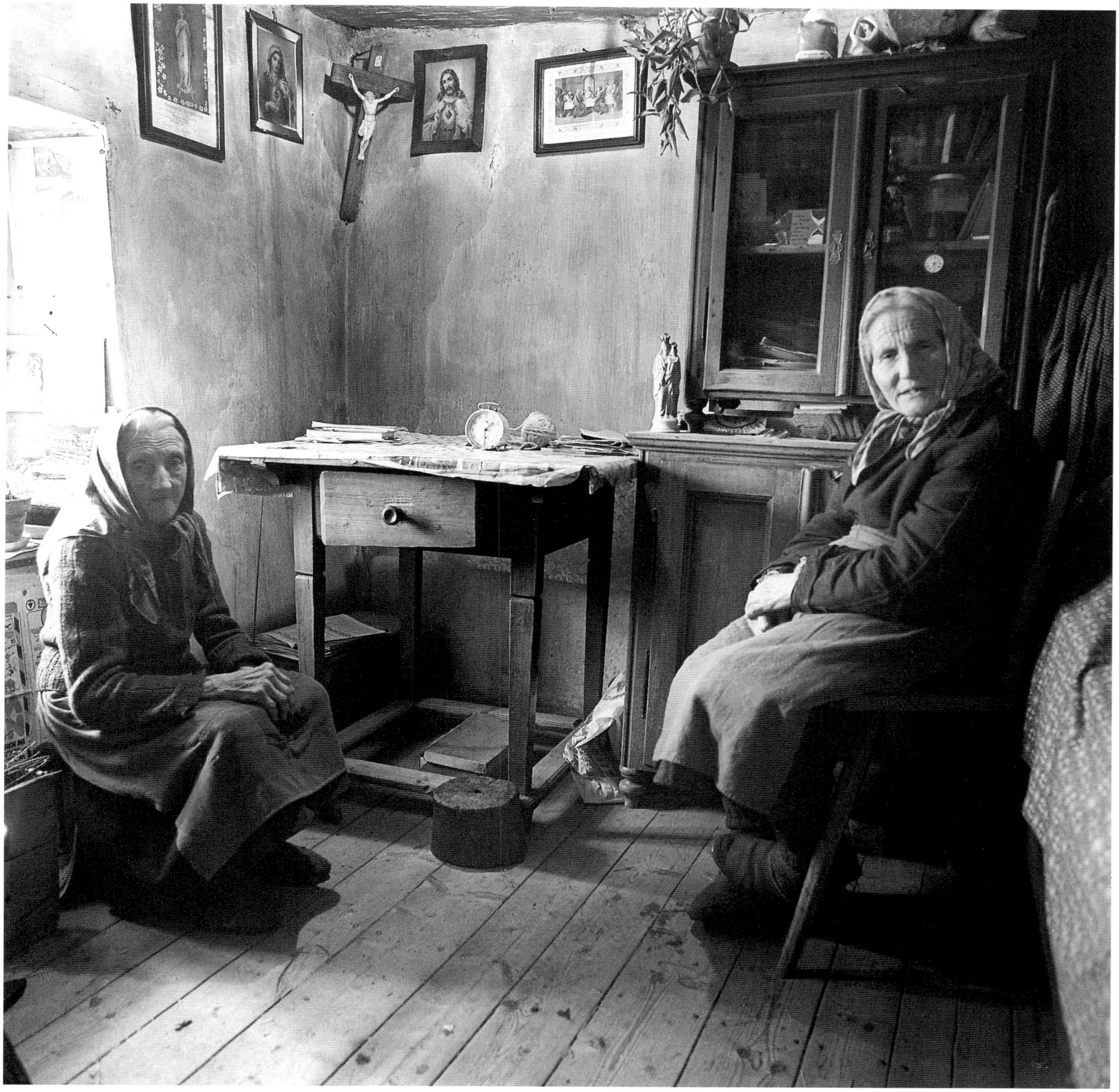

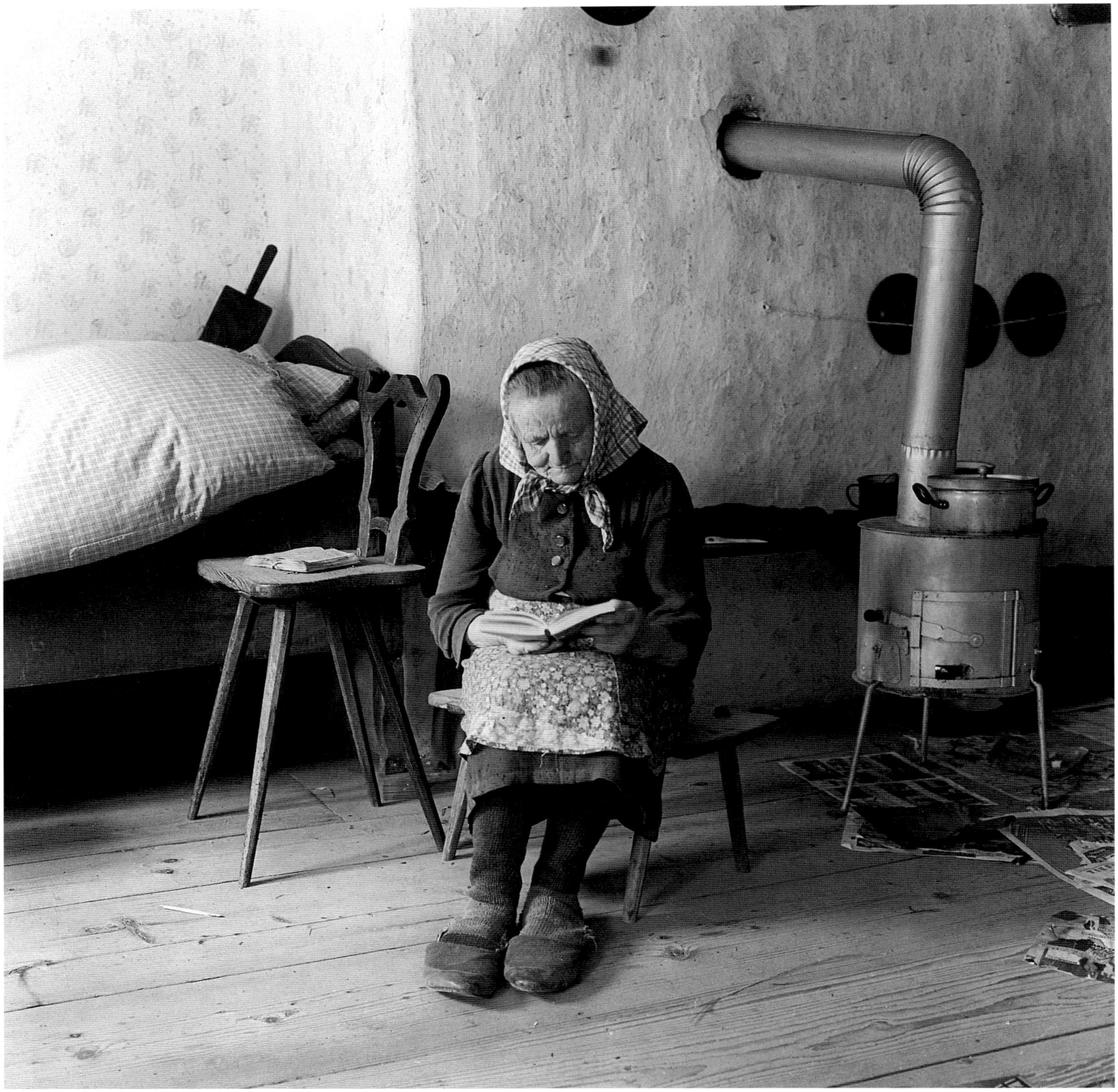

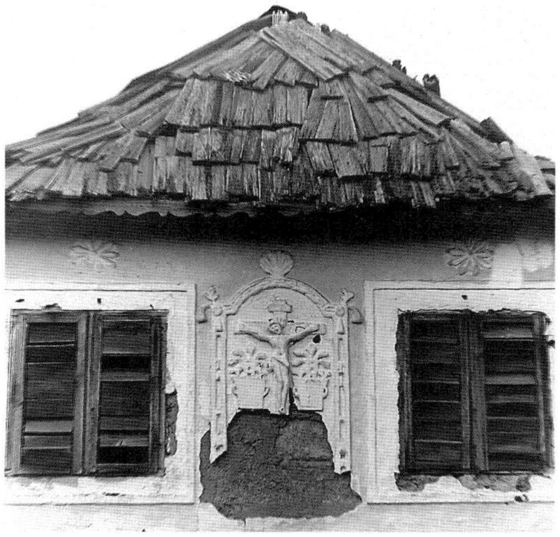
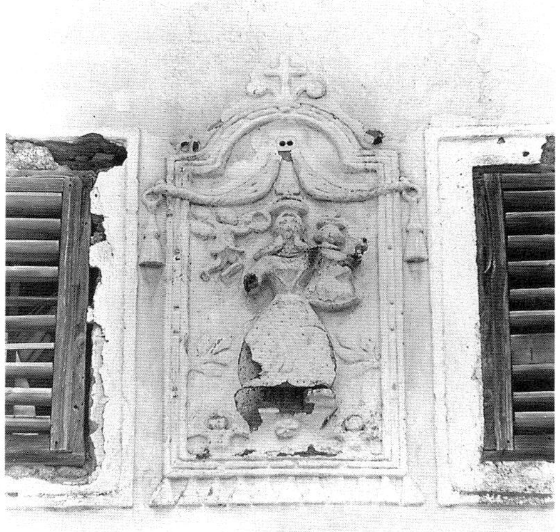
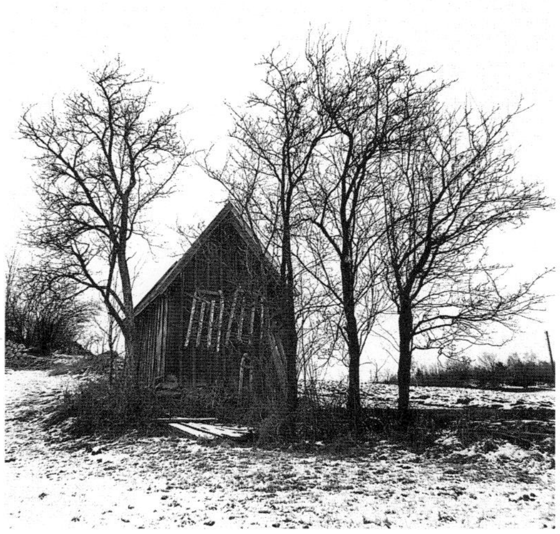
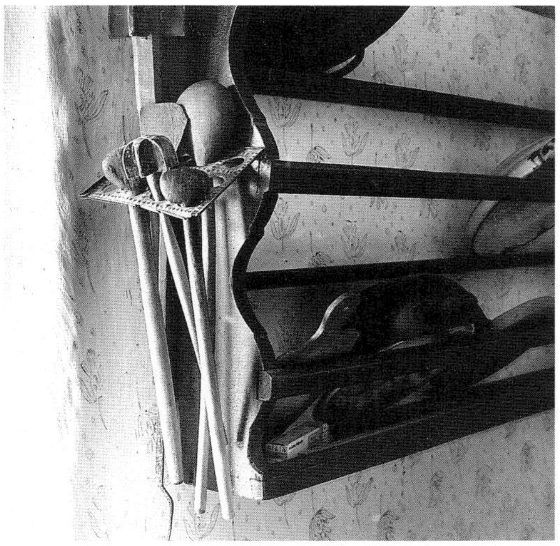
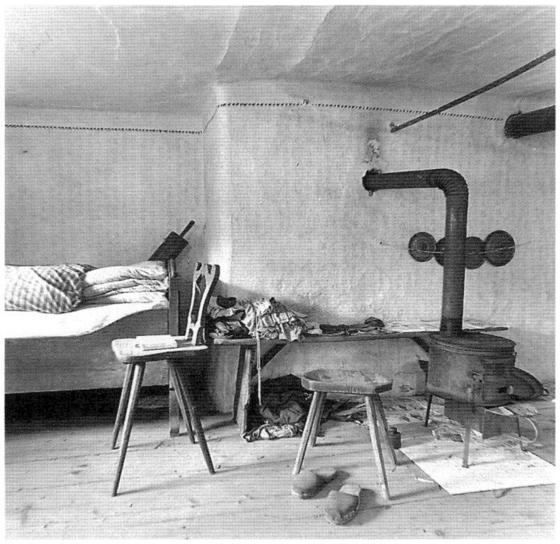
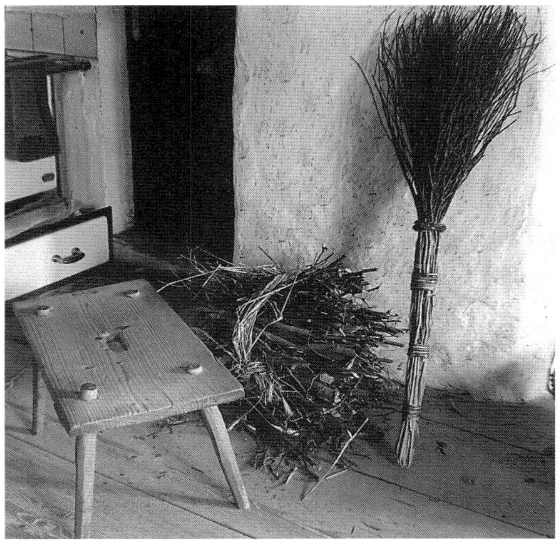
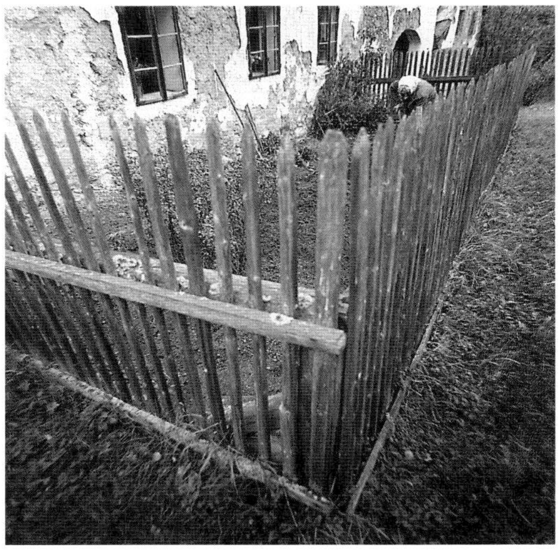
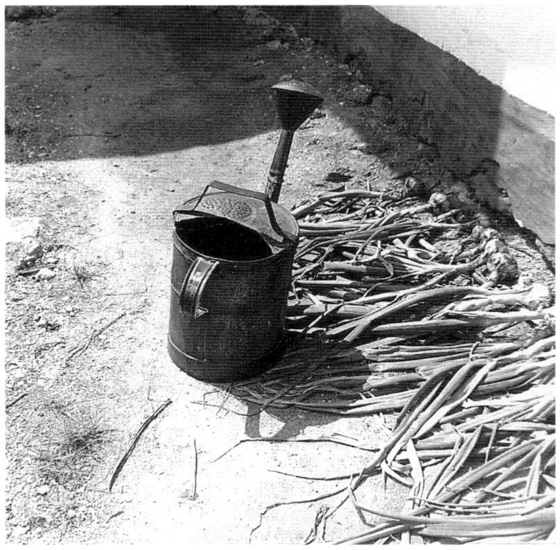
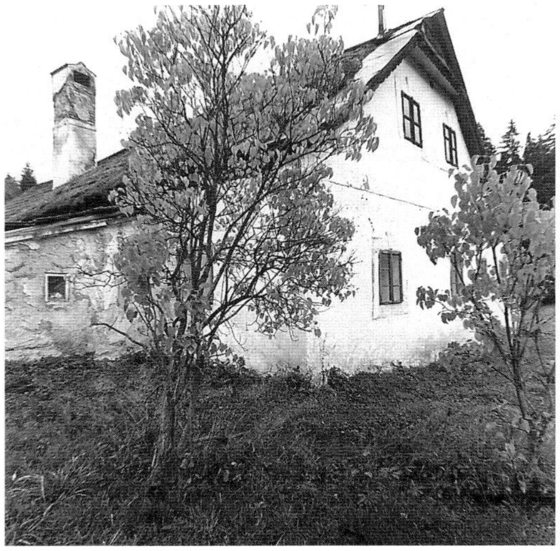

Es mochte damals noch viel mehr Altertümliches gegeben haben, wenn wir Kinder den Schauer vor so manchem unrichtigen Winkel hätten überwinden können, der noch bestand und wohin sich seit Ewigkeit her der Schutt geflüchtet hatte. Da war zum Beispiele ein hölzerner, dunkler Gang zwischen Schüttboden und Dach, in dem eine Menge urältester Sachen lag; aber schon einige Schritte tief in ihm stand auf einem großen Untersatze eine goldglänzende heilige Margareta, die allemal einen so drohenden Schein gab, so oft wir hineinsahen; – dann waren die unentdeckten allerhintersten Räume der Wagenlaube, wo sich verworrene Stangen sträubten, alternde Strohbünde bauschten, noch bekannte Federn längst getöteter Hühner staken, tellergroße schwarze Augen aus den Naben alter Räder glotzten und daneben im Stroh manch tieferes Loch gor, so schwarz wie ein Doktorhut. Ja die Scheu steigerte sich, da einmal der Knecht gesagt hatte, daß man durch die Sachen hindurch in die Haberstelle der Scheune kriechen könne, was wohl bestaunt, aber nicht gewagt wurde.

AUS DER MAPPE MEINES URGROSSVATERS

Das Landhaus muß mit dem Lande zusammenstimmen. Ein anderes gehört zu dem Walde, ein anderes zu dem zackigen Felsgebirge, ein anderes zu dem öden Steinlande, ein anderes zu gedehnten Erdrücken, ein anderes zu Getreidehügeln, ein anderes zur Ebene, zur Heide, zur Steppe. Und so ist es auch mit dem Garten. Außer dem Gebräuchlichen sucht mancher auch seine eigenen Gedanken im Garten zur Ausführung zu bringen. Und ist er ein Freund der Künste, die dem Menschen zur Verherrlichung des Lebens gegeben sind, so sucht er die Seele, die in den Künsten wohnt, zur Darstellung zu bringen. Wie der Braune Hof zu dem Walde, der doch hier eigentlich beginnt, immer in Eintracht stand, so sollte der Garten zu Hof und Wald in Eintracht stehen.

AUS DER MAPPE MEINES URGROSSVATERS

Es wird wohl ein jeder, der sich eine Hütte baute, die tieferen Orte des Waldes, die feucht und dumpfig sind, gemieden und sich einen höhern, luftigen ausgesucht haben. Dort lichtete er den Wald um die Hütte, legte sich eine Wiese an, davon er ein paar Rinder nährte, ließ seine Ziegen und Lämmer in das Gesträuche des Waldes gehen und machte sich wohl auch ein Feld und ein Gärtchen, das er bearbeitete.

AUS DER MAPPE MEINES URGROSSVATERS

Das Haus war ganz aus Holz, faßte zwei Stuben und ein Hinterstübchen, alles mit mächtigen, braunschwarzen Tragebalken, daran manch Festkrüglein hing, mit schönen Trinksprüchen bemalt. Die Fenster, licht und geräumig, sahen auf die Heide, und das Haus war umgeben von dem Stalle, Schoppen und der Scheune. Es war auch ein Gärtlein vor demselben, worin Gemüse wuchs, ein Holunderstrauch und ein alter Apfelbaum stand – weiter ab waren noch drei Kirschbäume und unansehnliche Pflaumengesträuche. Ein Brunnen floß vor dem Hause, kühl, aber sparsam; er floß von dem hohen, starken Holzschafte in eine Kufe nieder, die aus einem einzigen Heidestein gehauen war.

Das Heidedorf

In dem Stalle waren vier Zugochsen, sechs Kühe, drei Kälber und drei heranwachsende Rinder, dann zwölf Schafe zu Hausweben und sechs Schweine; in einem sehr luftigen Raume, welcher leichte Ausgänge und Eingänge hatte, war das Federvieh. Oberhalb des Stalles war unter dem Dache das Viehfutter und außen ein hölzerner Gang, auf dem man allerlei aufhängen konnte. In der Scheune war das leere Stroh, und es waren die Plätze, in welche das körnerschwere getan werden konnte, wenn es geerntet sein würde. In der Wagenlaube, daneben das Eingangstor war, befanden sich Wägen und Ackerzugwerke, und an der hintern Wand war das Brennholz aufgeschlichtet. Wir gingen auch in den Garten hinaus, der Gemüsebeete, etwas Blumen und Rasen hatte, darauf Obstbäume standen, wie sie in der Waldgegend gedeihen. Vom Garten weg gingen wir gegen Mitternacht des Hauses auf die Wiese, auf welcher nahe an der Hausmauer eine große gezimmerte Kufe stand, in die frisches, lebendiges Wasser rann, zu dem man durch das kleine Brunntürlein herauskommen konnte.

Aus der Mappe meines Urgrossvaters

Nachmittag schien die Sonne recht freundlich in das Gemach, ich zog die Vorhänge zu, wenn ich nach Hause kam, und dann war es dämmerig und lieb um alle Dinge, weil weiße Vorhänge das Licht nicht brechen, sondern bloß milder machen; nur daß noch hie und da ein Sonnenstrahl hereinbrach und einen Blitz auf den weißen Boden legte. Die Zimmerwände waren zwar nur von Holz, aber sie waren nach innen sehr gut gefügt und an einigen Stellen mit Schnitzwerk versehen. Gegen hinten zu war eine Bank, die an der Wand und an dem Ofen hin lief, und alles war recht reinlich und klar.

Aus der Mappe meines Urgrossvaters

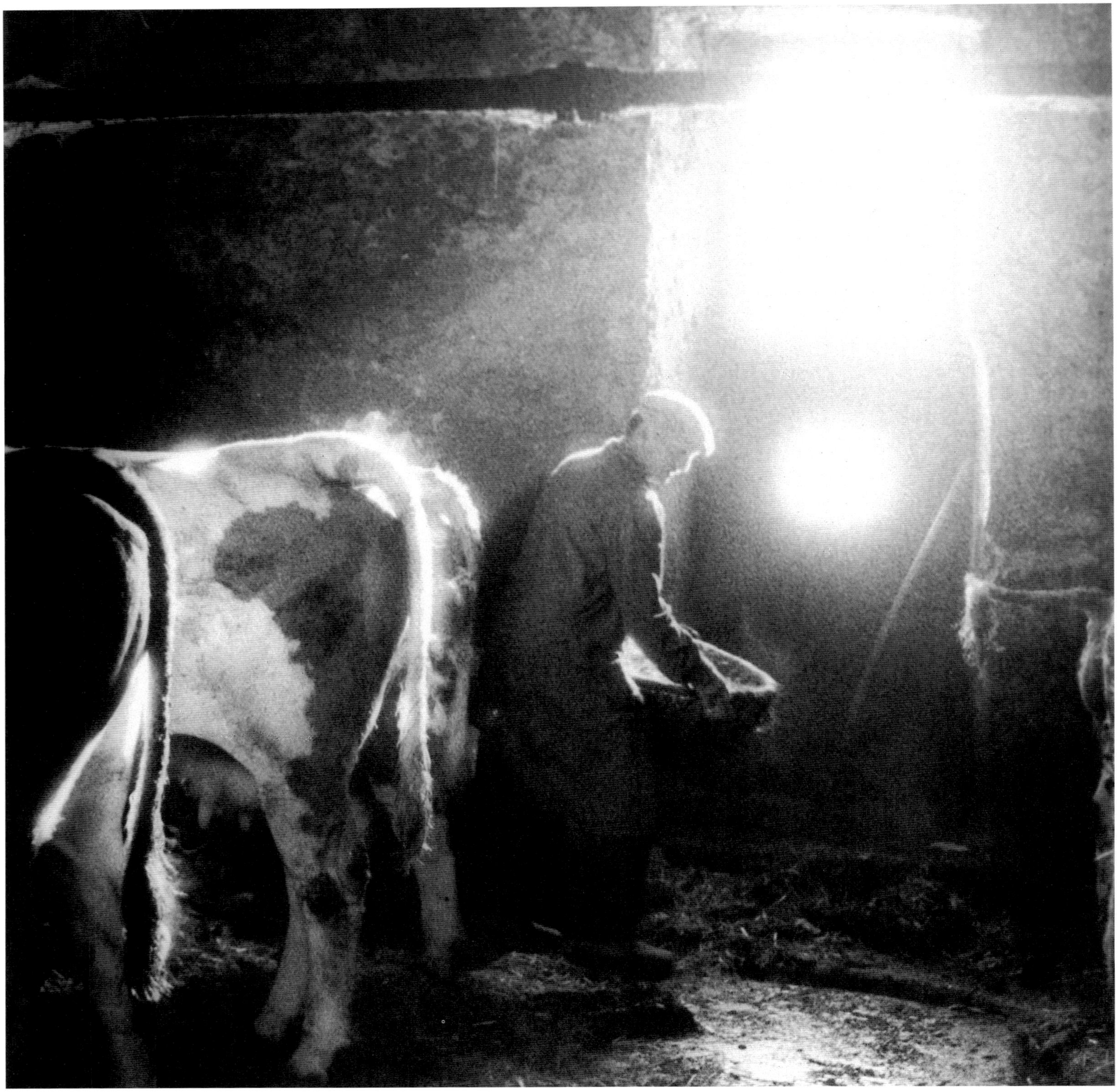

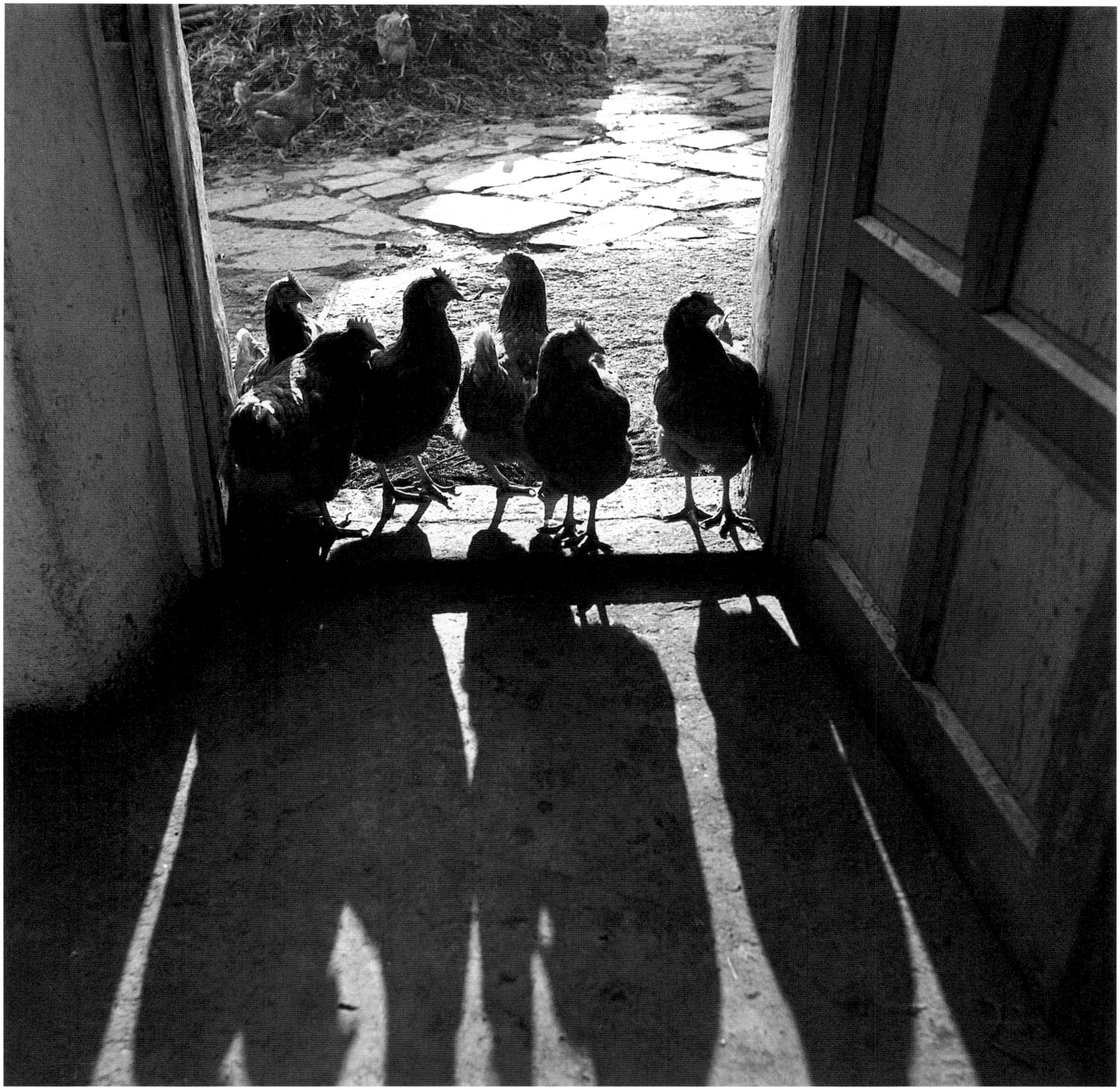

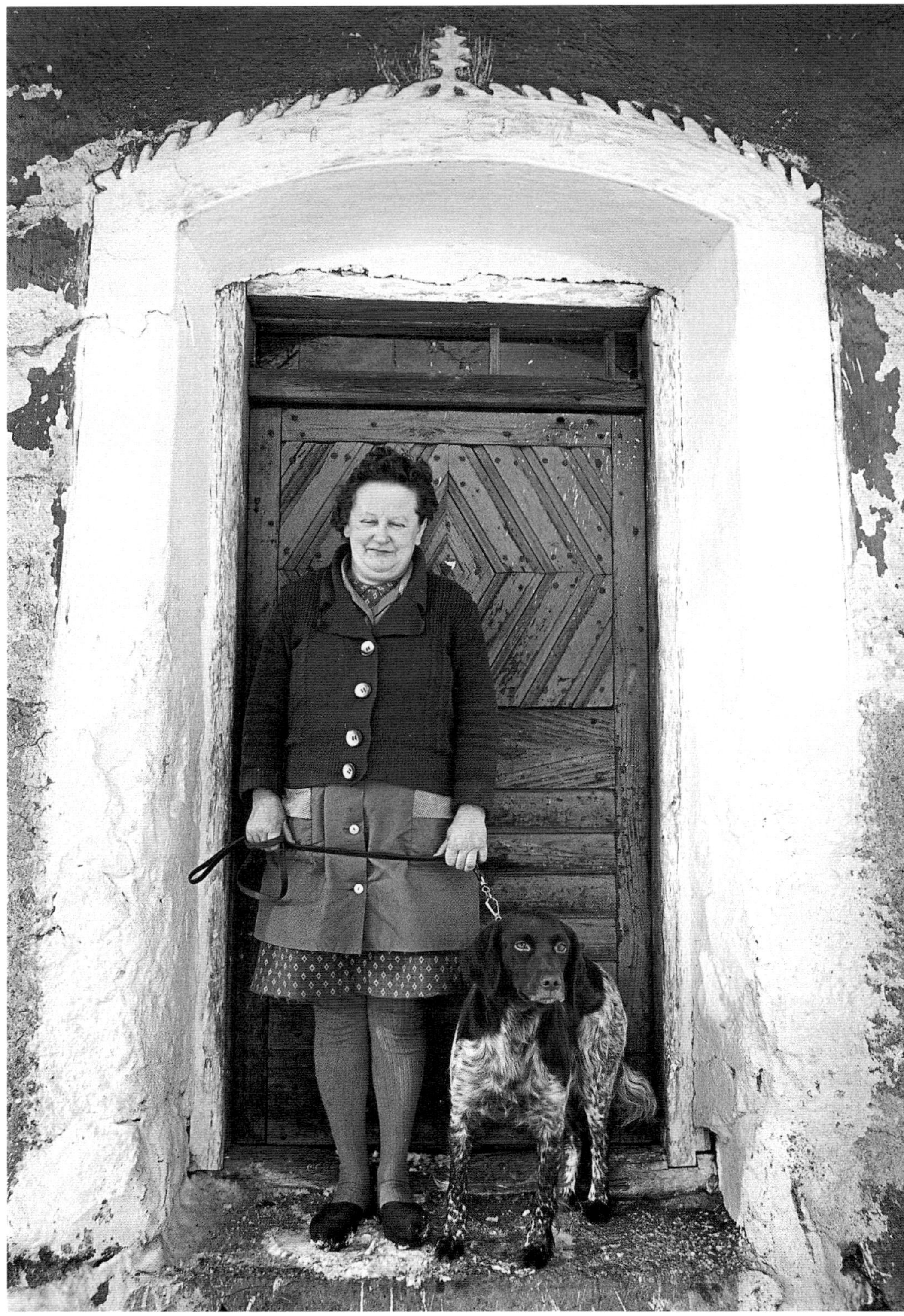

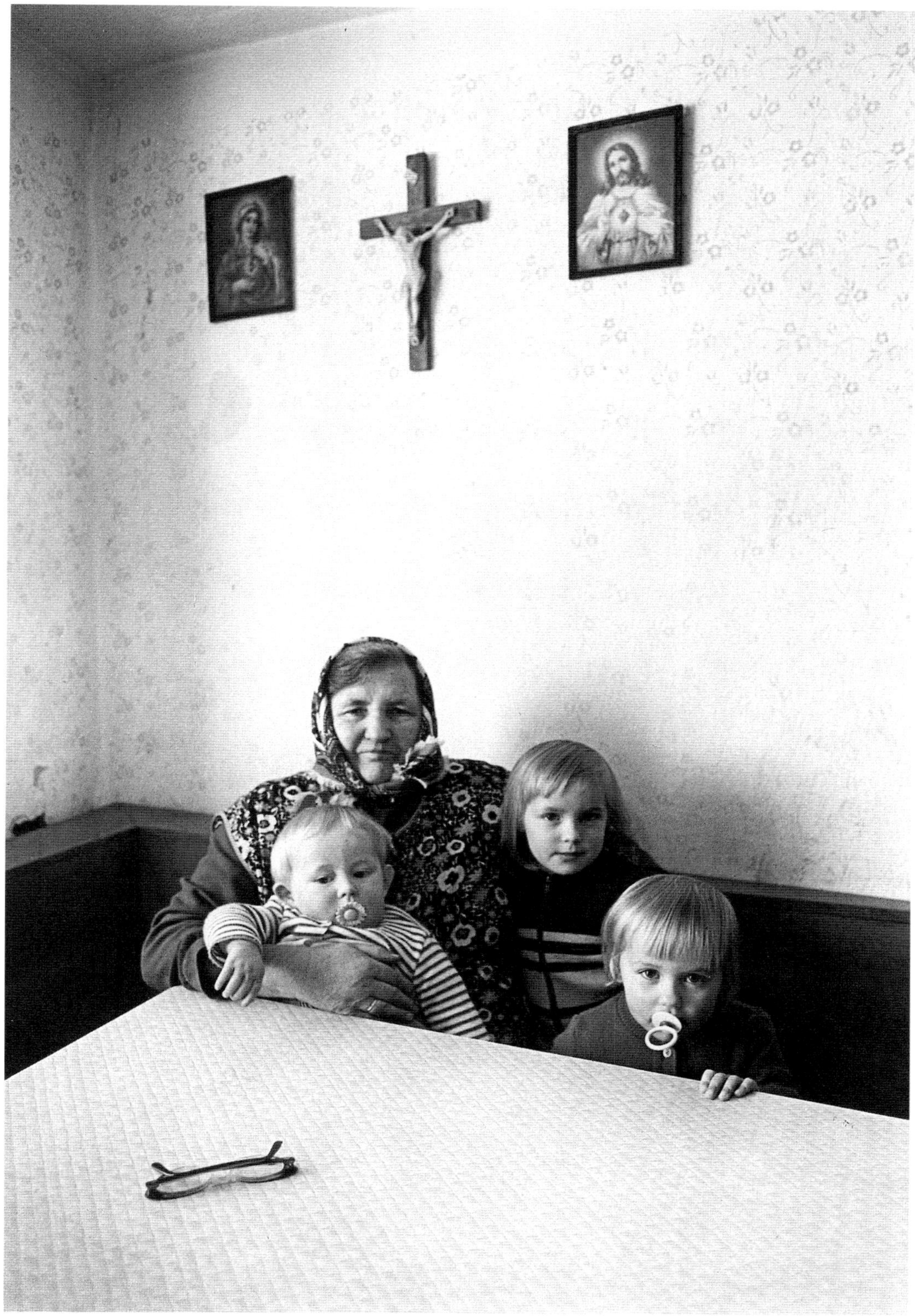

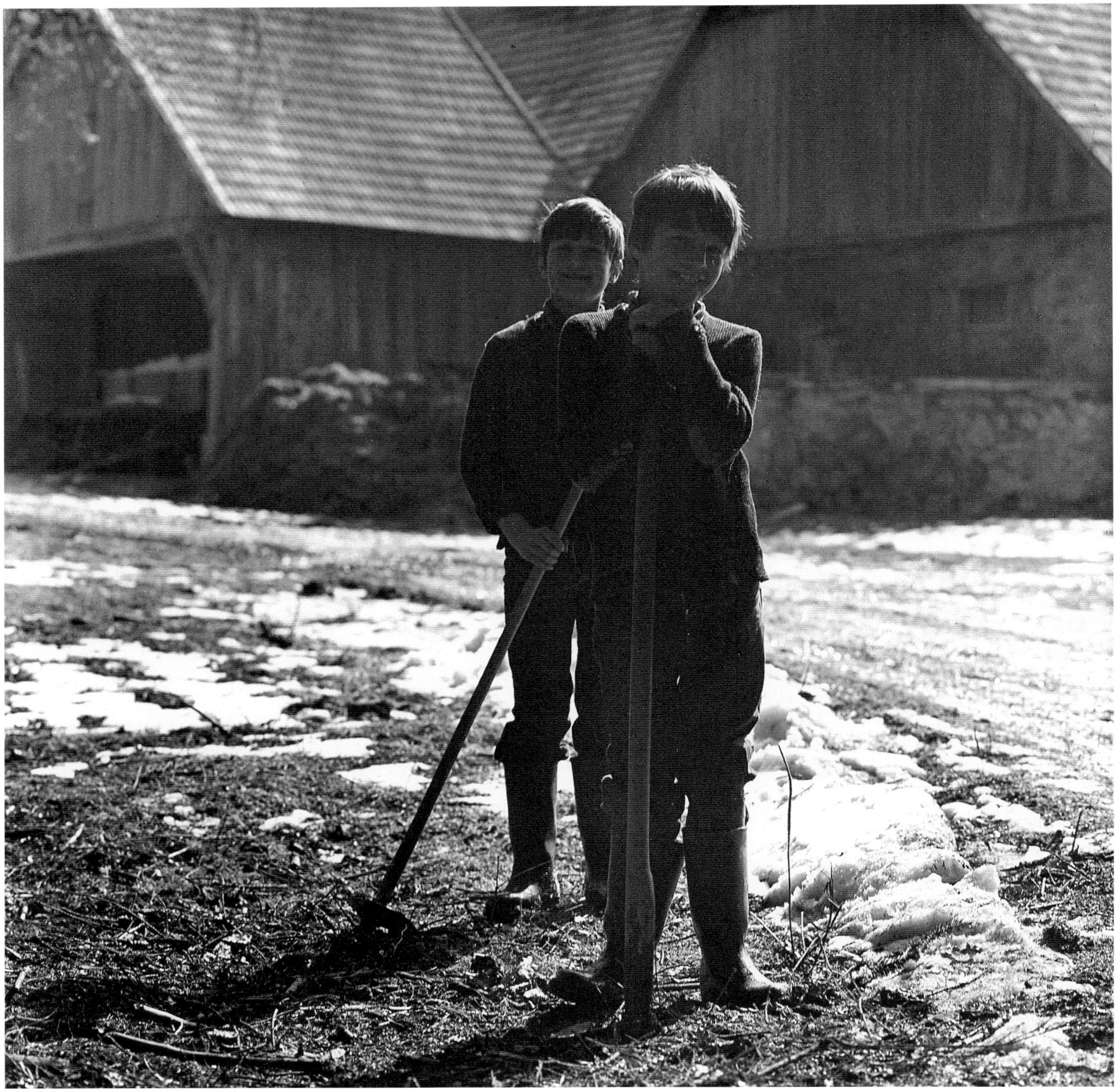

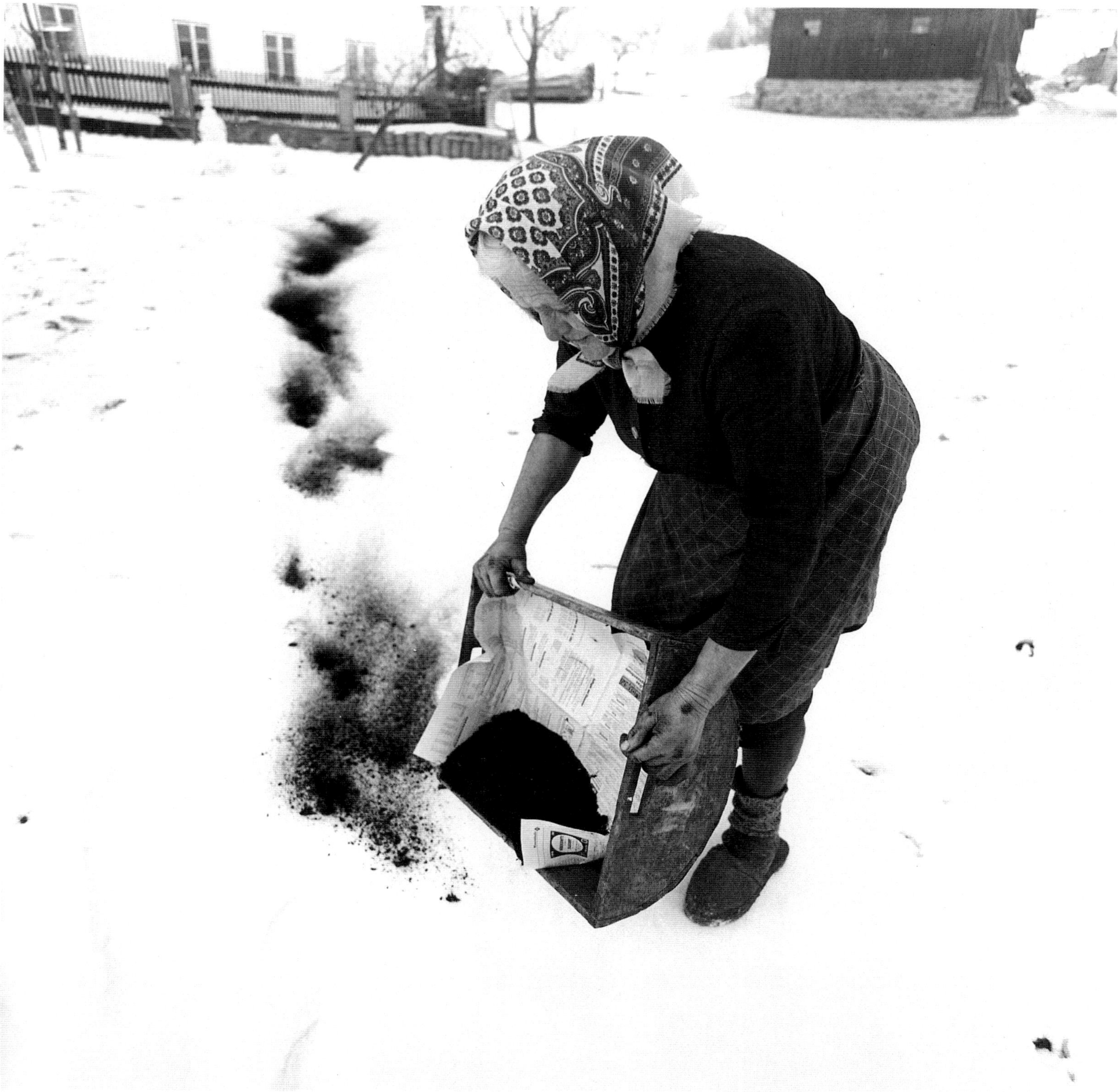

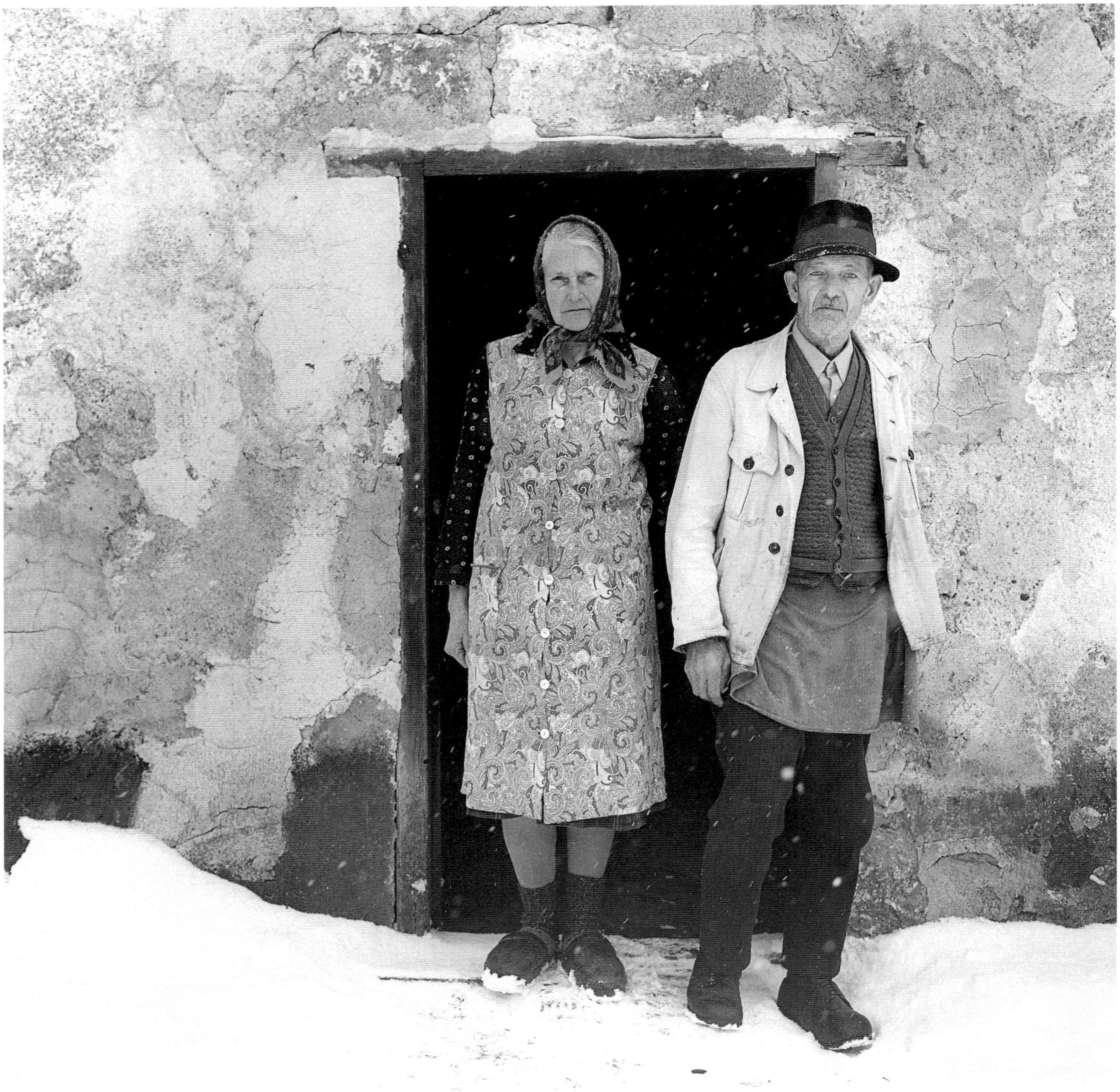

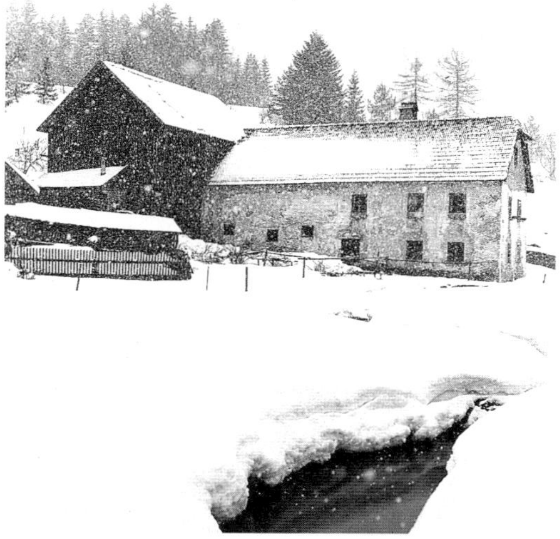
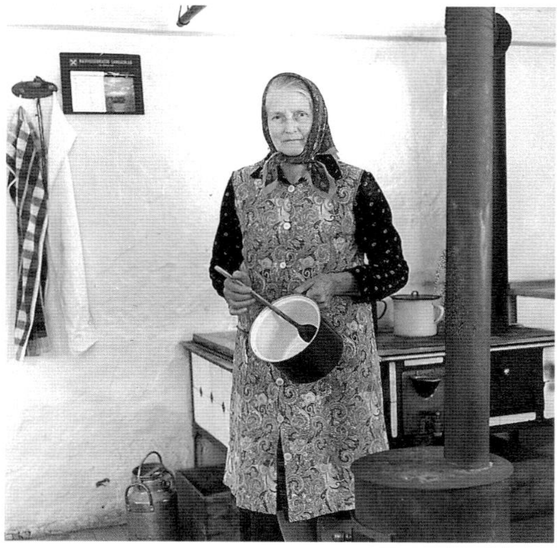
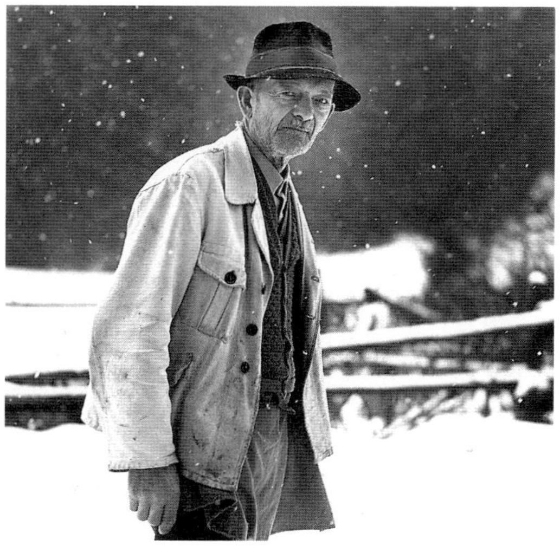
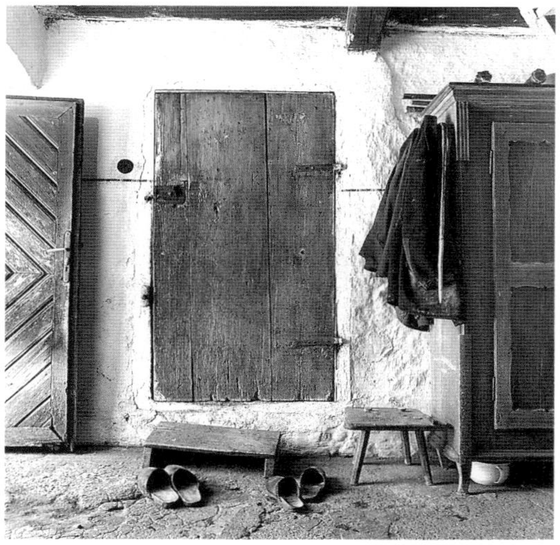
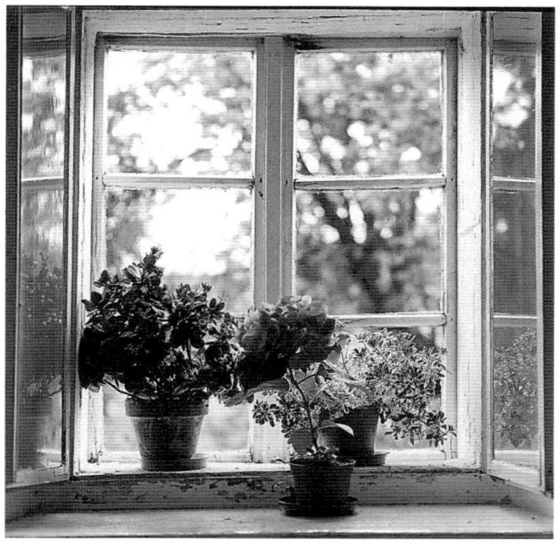
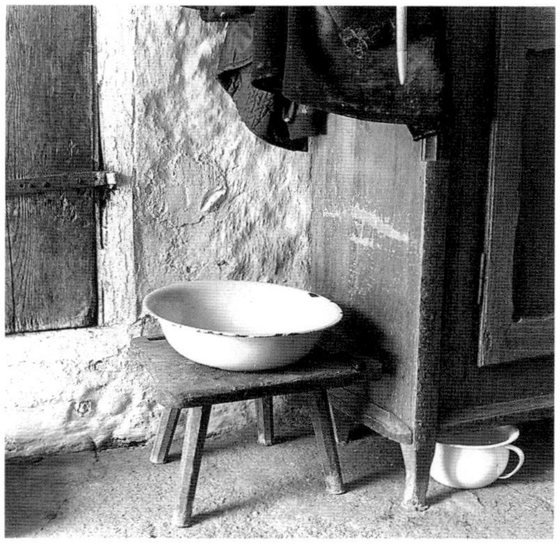
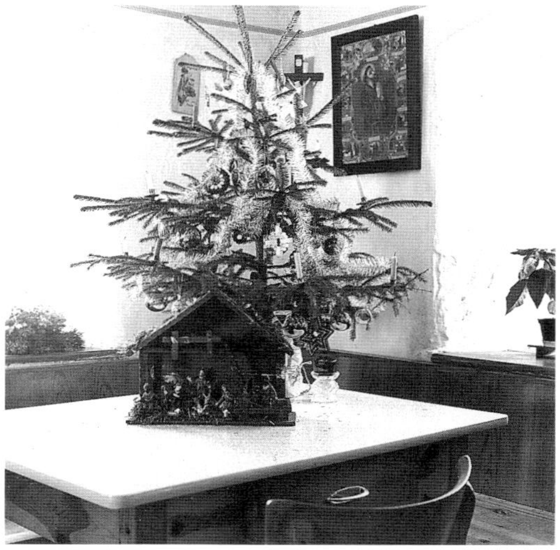
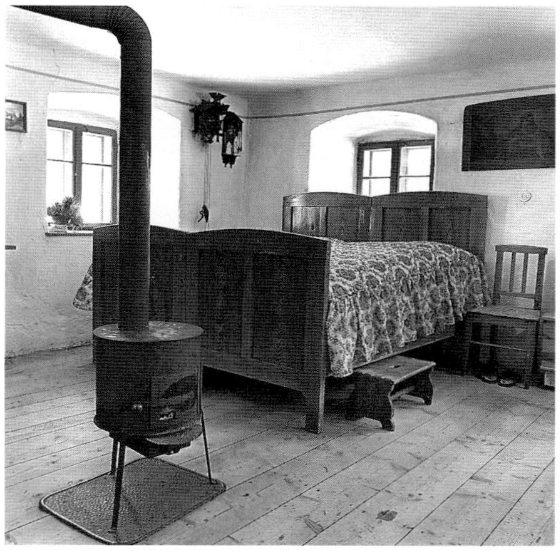
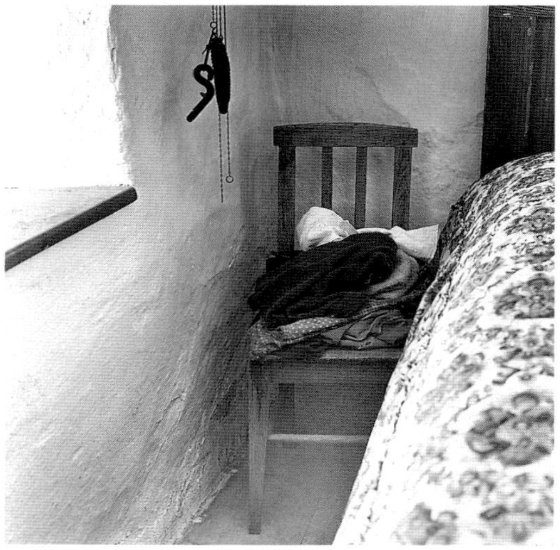

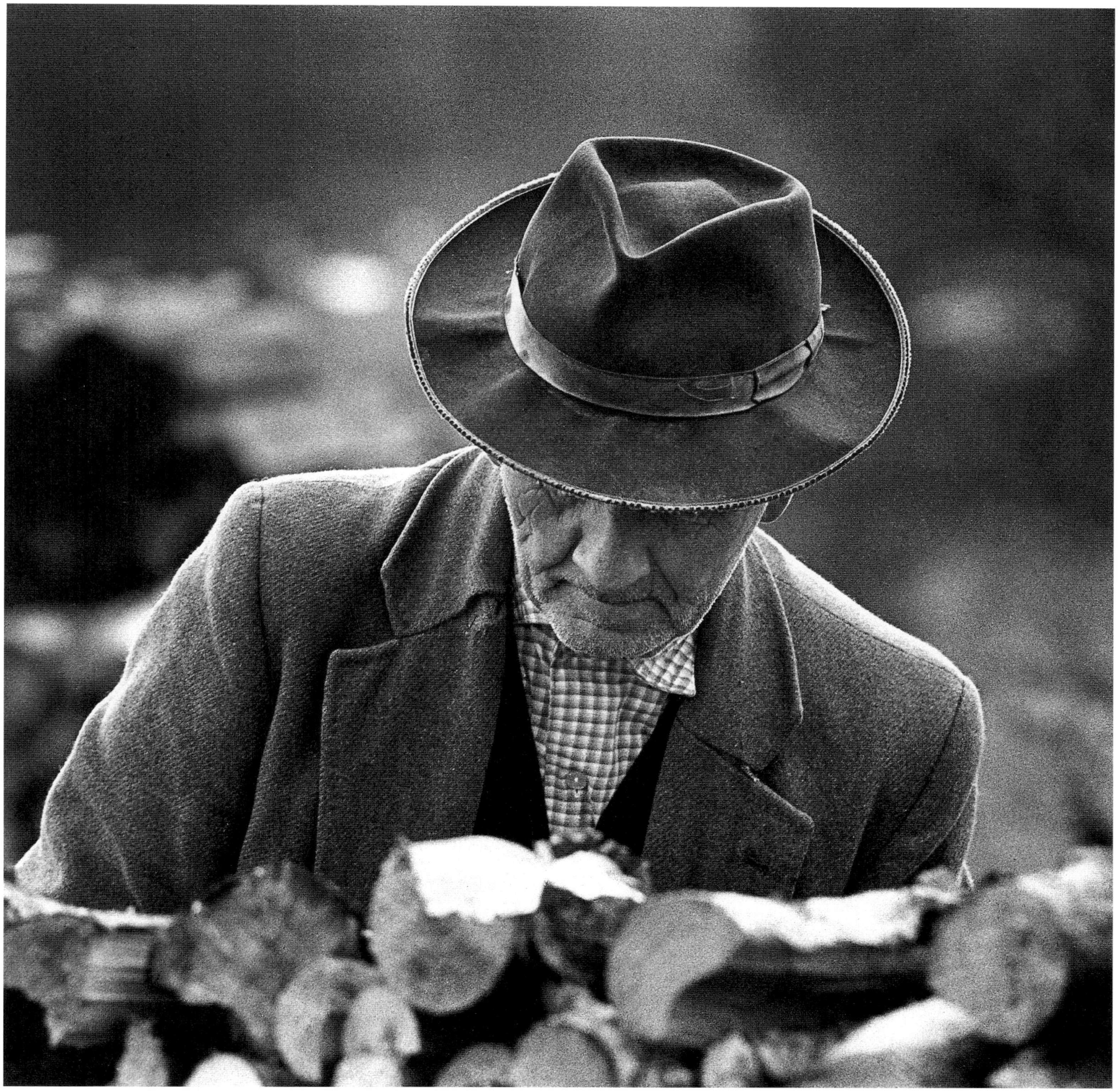

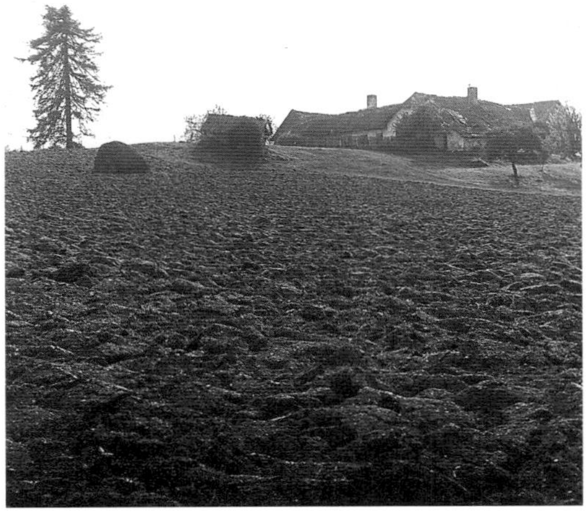
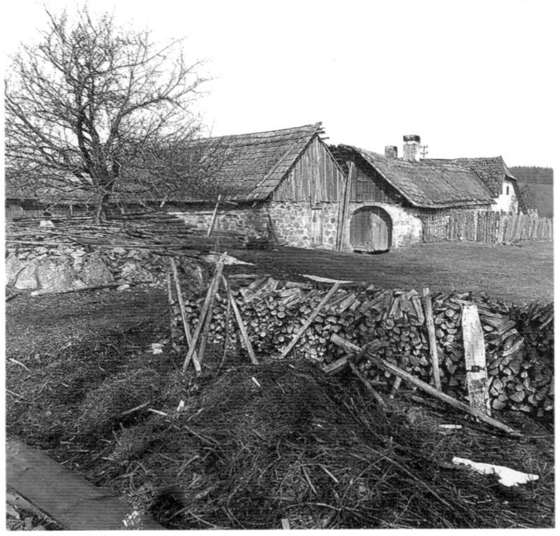
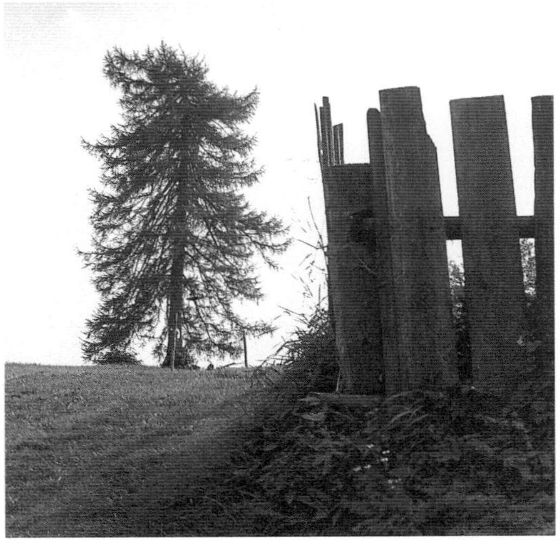
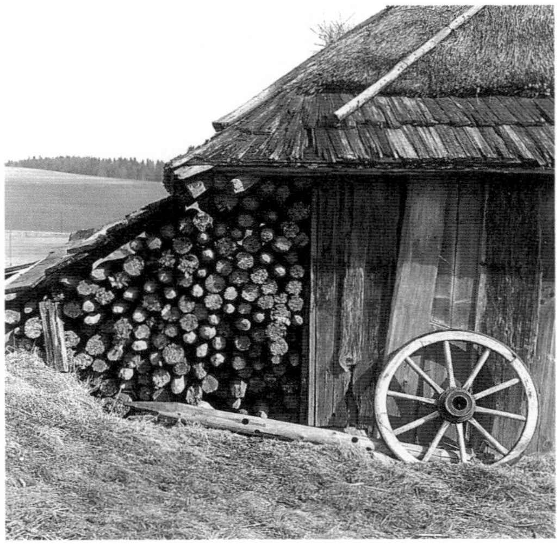
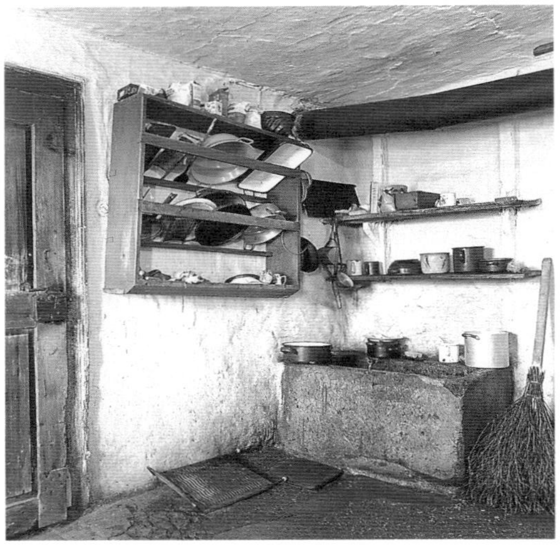
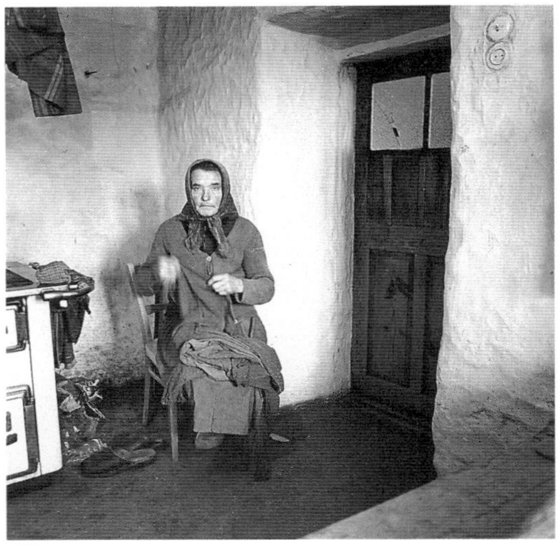
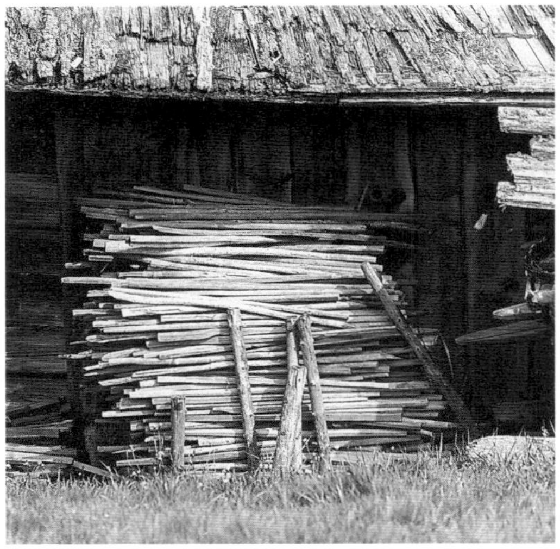
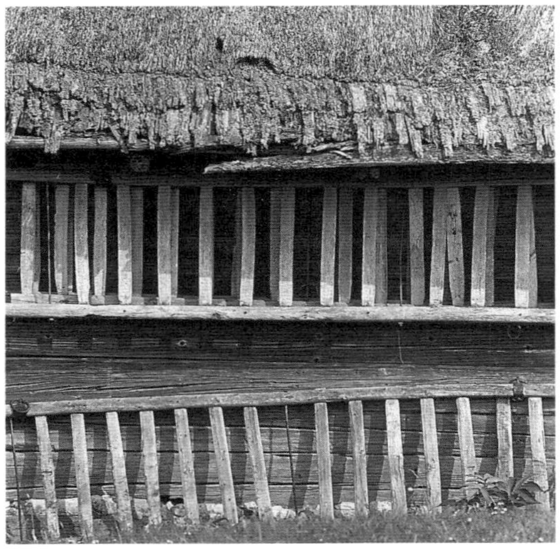
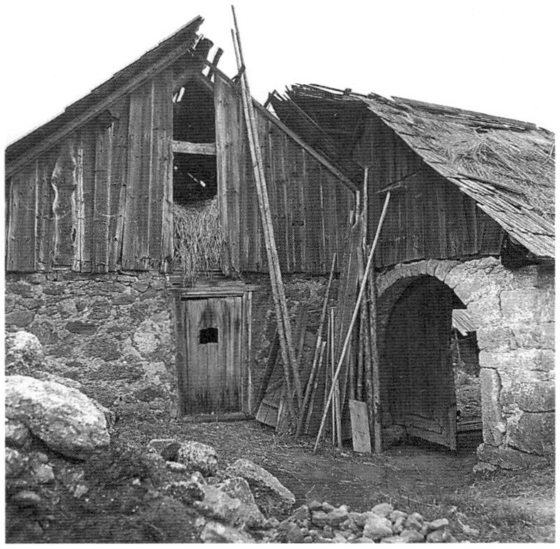

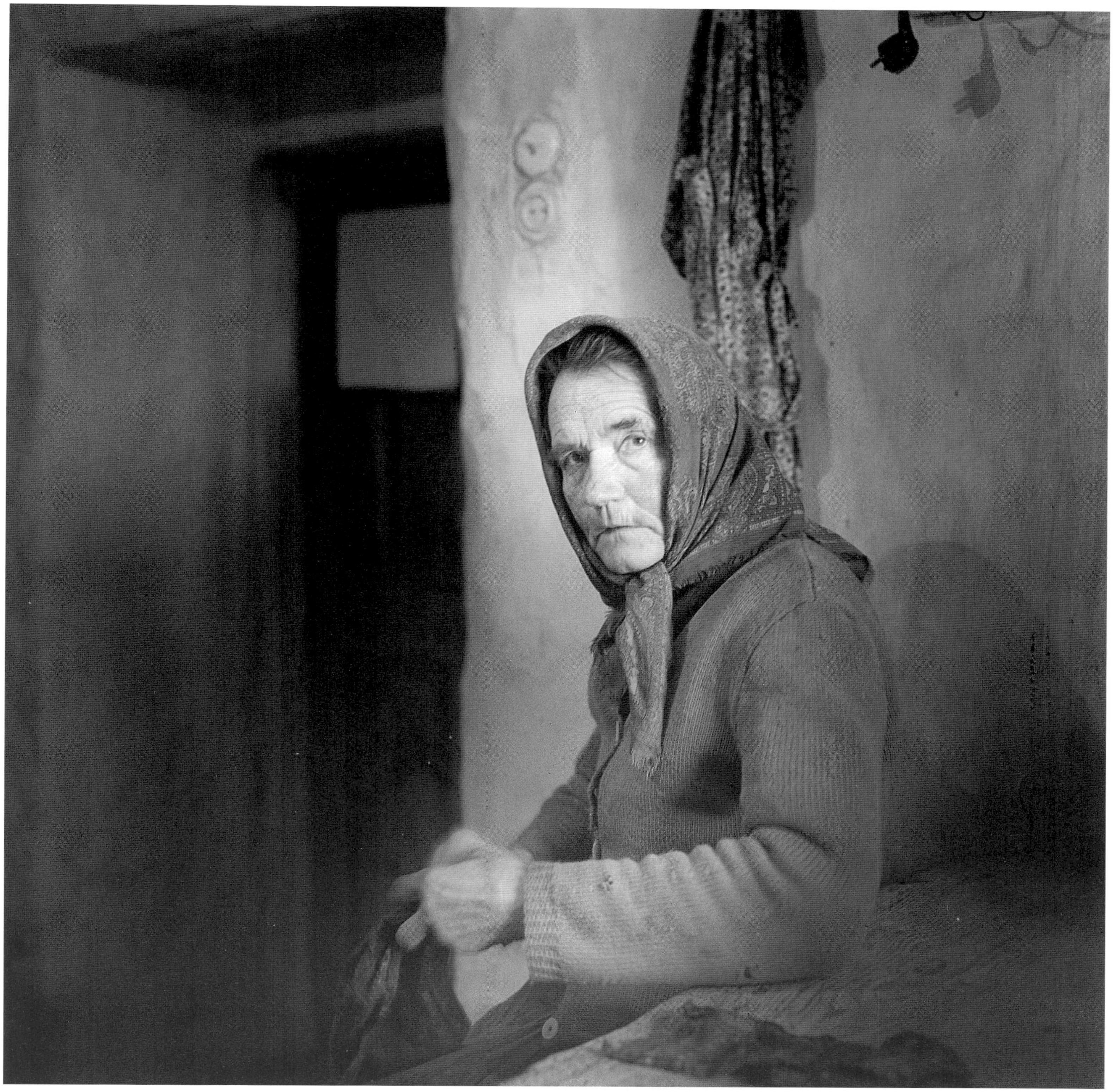

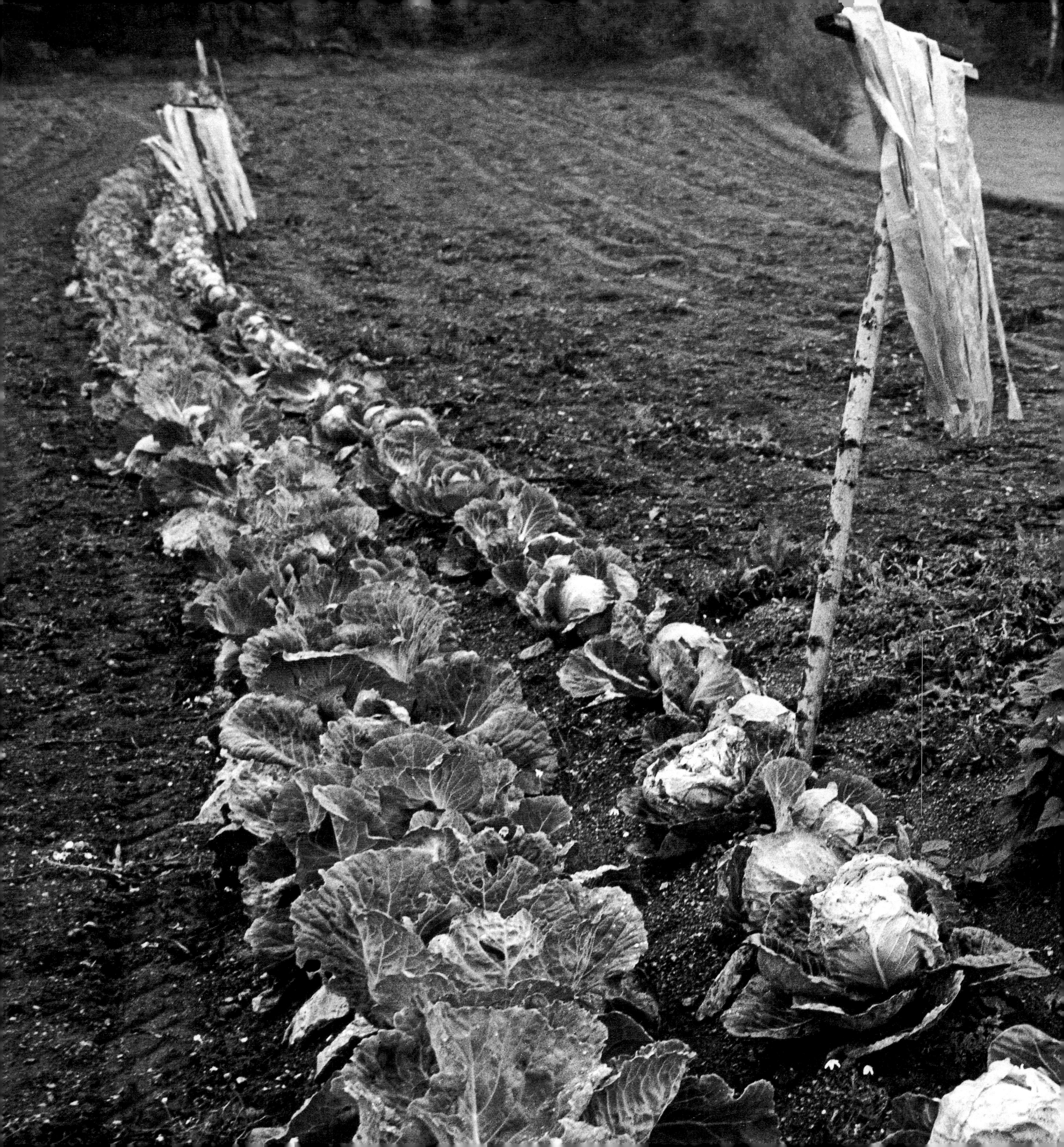

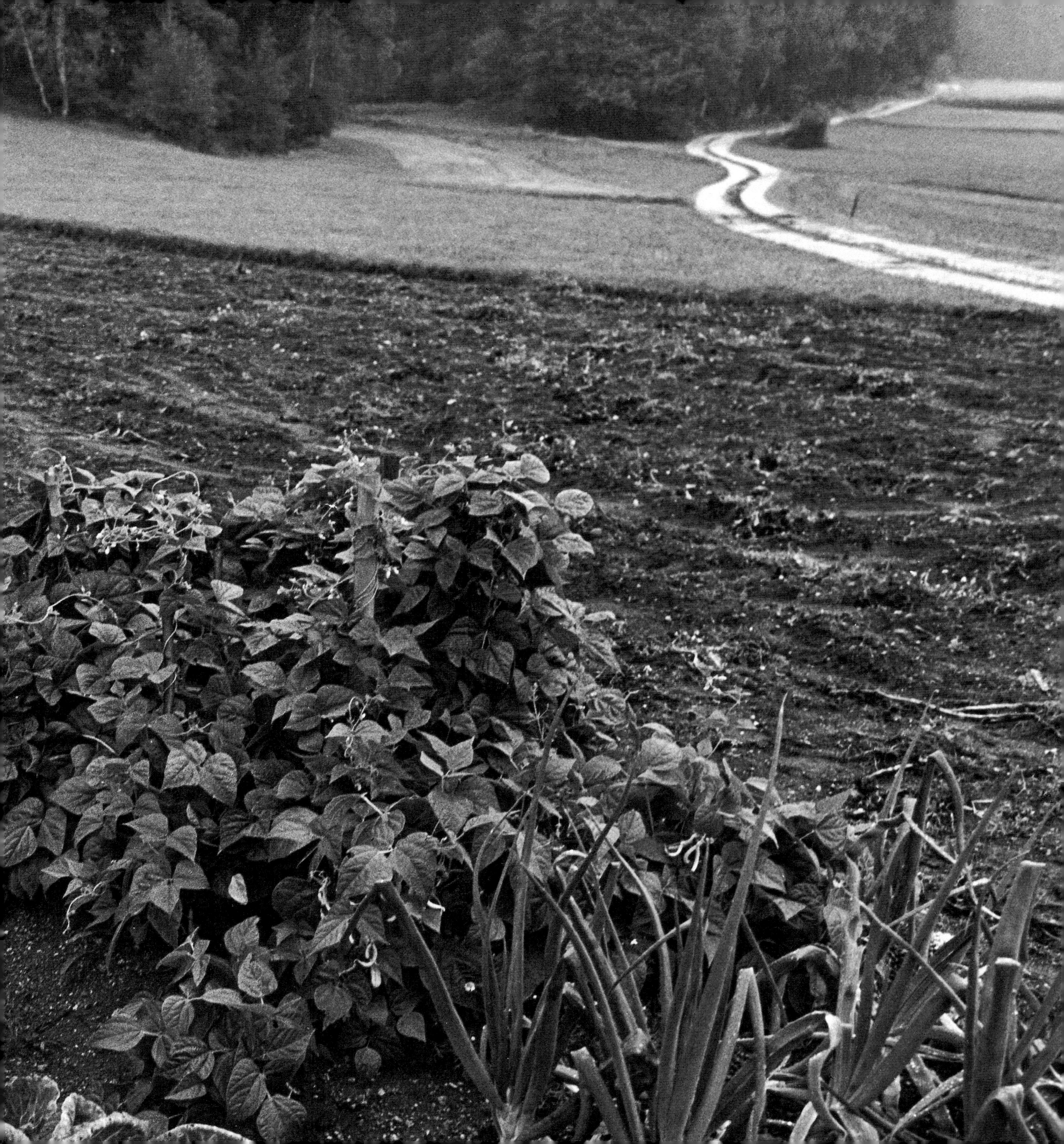

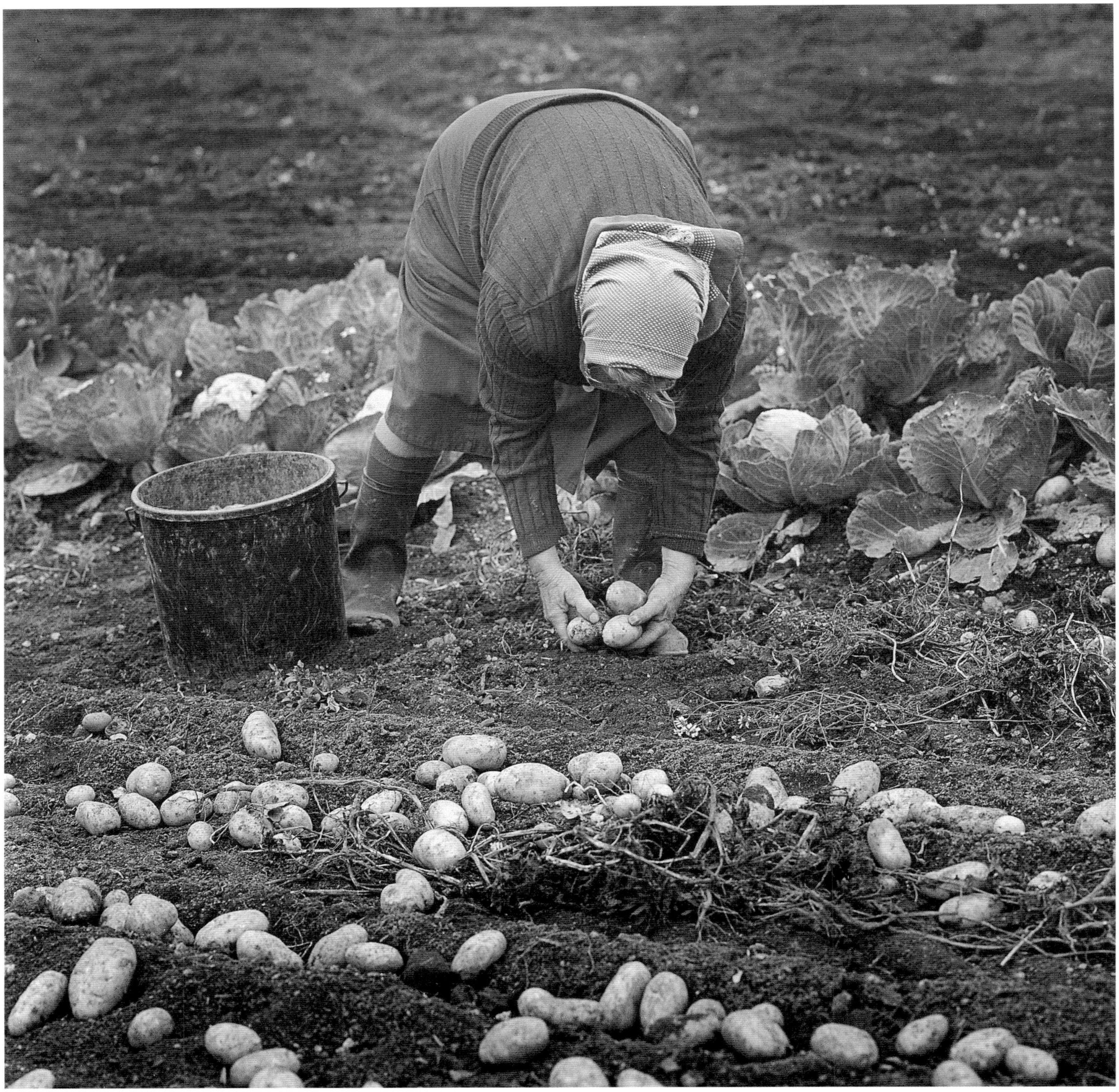

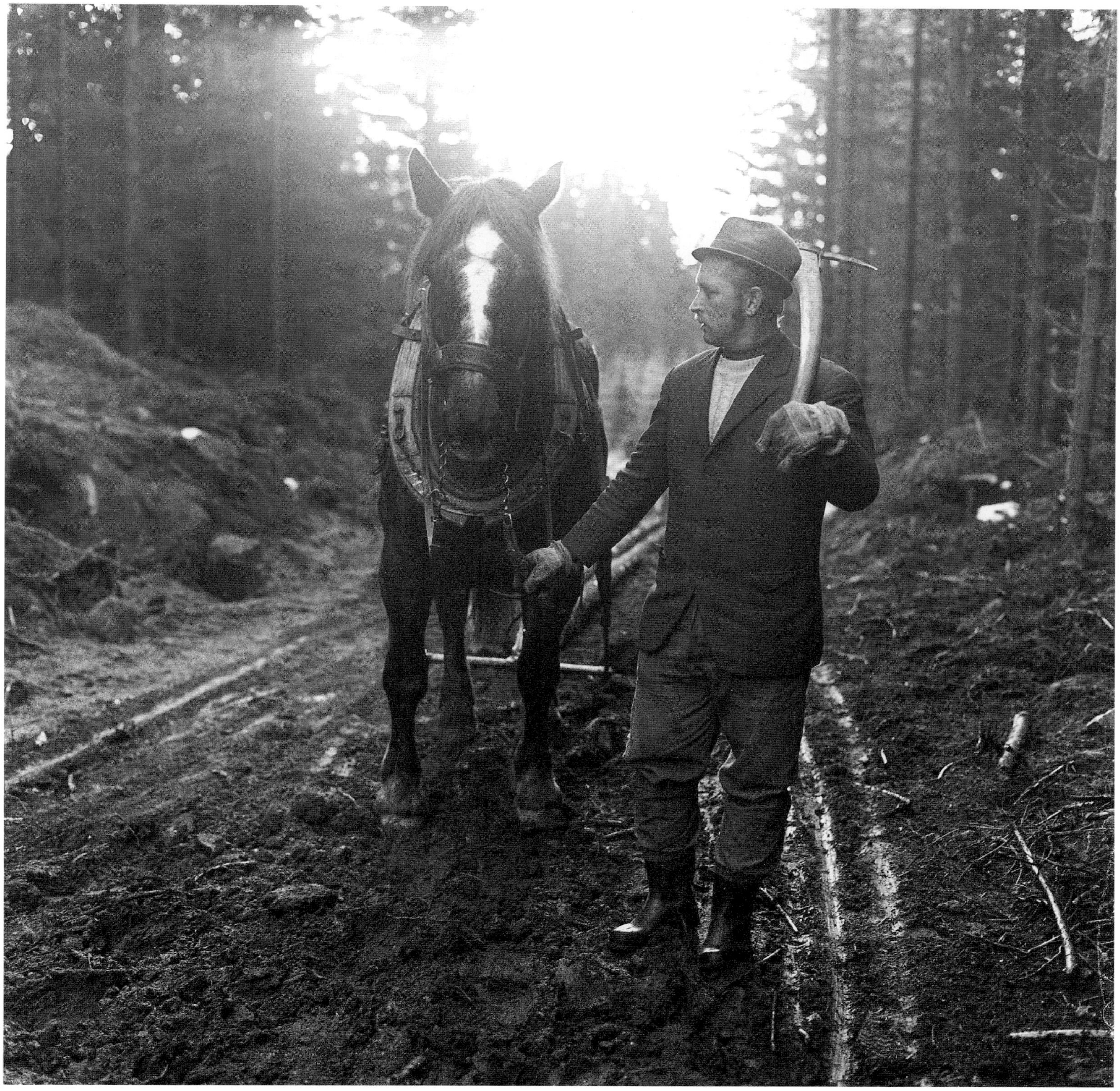

Wie rührend ist es, was man von der Urbarmachung des Waldes erzählt. Zu den Zeiten der Urgroßväter unserer Urgroßväter war der Wald unentwirrt über alle Hügel und Höhen bis zu der Ebene gebreitet. Sie sagen, daß in Vorzeiten mancher Kriegsfürst oder ein sonstiger großer Herr weite Strecken im Walde für geleistete Dienste erhalten habe, wohin er nun sofort, um Nutzen von seinem Eigentume zu schöpfen, Leute sandte, die den Wald lichteten, das Holz niederschlugen und zum Verkaufe für ihn hinaus schickten. Von diesen Leuten blieben nun Einzelne an dieser oder jener lichten Stelle sitzen und wohnten da. Oder es kaufte ein armer Mann um weniges Geld sich in der Wildnis einen Platz, den er reutete, auf dem er sich anbaute und von dem er lebte. Oder es erhielt mancher Teerbrenner oder Pechhändler die Erlaubnis, an entlegenen Orten, denen man kaum mit einer gelegentlichen Jagd zukam, seine Beschäftigung zu treiben. An diesem Orte heftete er sich dann an und errichtete eine Siedlung. Oder es gefiel einem Wildschützen, einem Wanderer, einem Vertriebenen ein Plätzchen, auf dem er sich niederließ und von dem aus er wirkte. Viele von diesen hatten Nachkommen, die sich nicht weit von den Eltern ansässig machten. Und so entstanden die zerstreuten Häuser und Orte und die urbanen Flecke, die sich immer vergrößerten und mehr wurden.

AUS DER MAPPE MEINES URGROSSVATERS

An anderen Stellen werden Keile auf die abgeschnittenen Blöcke gestellt, auf die Keile fällt der Schlegel, und die Blöcke werden so getrennt und zerfallen in Scheite. Wieder an andern Stellen ist eine Gruppe beschäftigt, das Wirrsal der Scheite in Stöße zu schichten, die nach einem Ausmaße aufgestellt sind und in denen das Holz trocknet. Diese Stöße stehen oft in langen Reihen und Ordnungen dahin, daß sie von Ferne aussehen wie Bänke von rötlich und weiß blinkenden Felsen, die durch die Waldhöhen hinziehen.

DER BESCHRIEBENE TÄNNLING

Wenn der Holzhauer auch schon die Stätte seines Wirkens verlassen hat, so liebt er sie doch noch immer, und wenn er nach langen Jahren durch den neuen Anwuchs geht, durch die Himbeergesträuche, durch die Gezweige, die Axt auf der Schulter oder die breite Säge über den Rücken gebunden, so wandelt er in seinem Reiche, er gedenkt der Tage, wo er hier gewirkt hat, und wenn er auch nun in andern, frischen Wäldern beschäftigt ist, so gehört doch auch ein Teil seines Herzens der Stelle, auf der einst seine Hütte gestanden war.

DER BESCHRIEBENE TÄNNLING

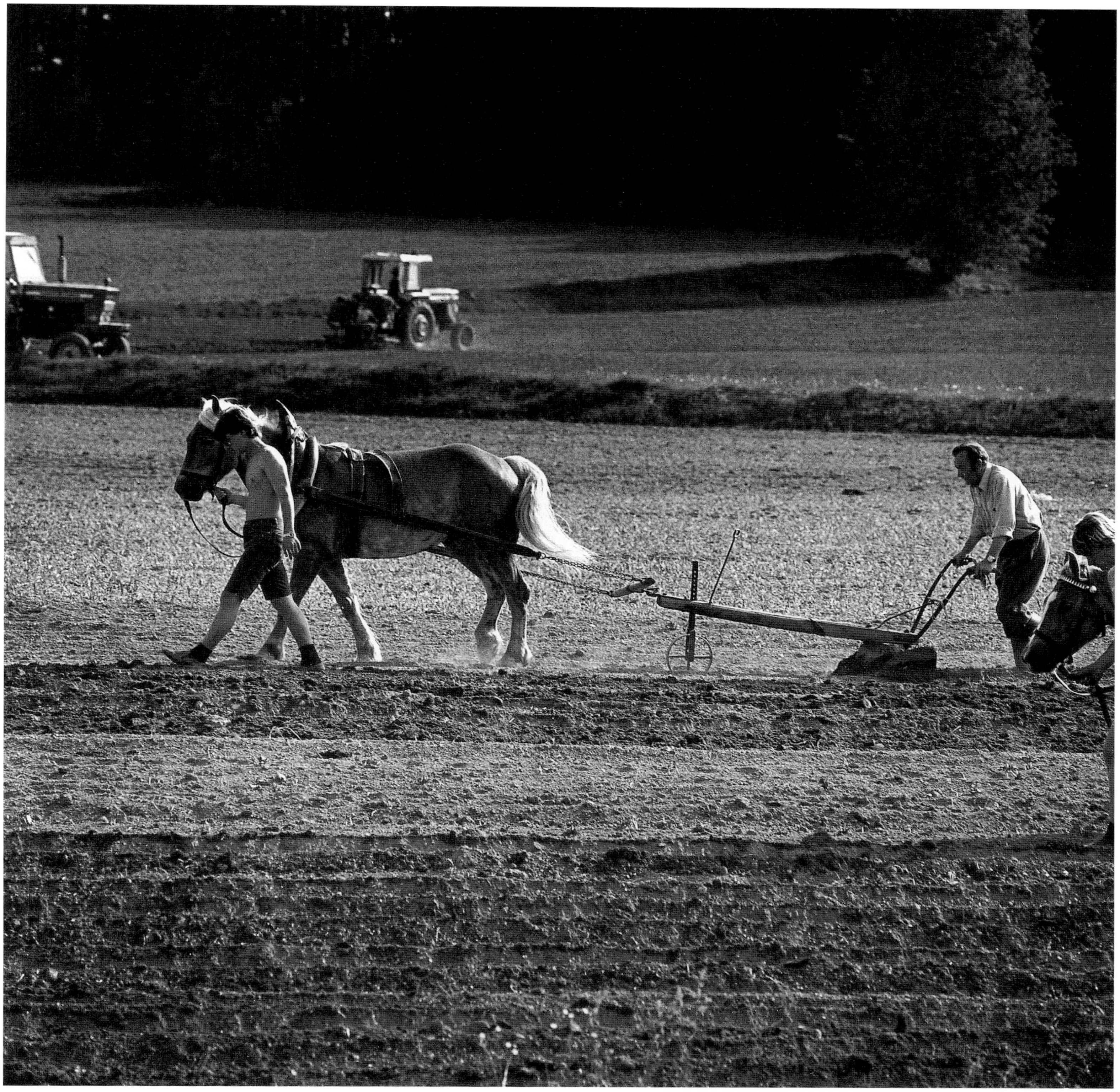

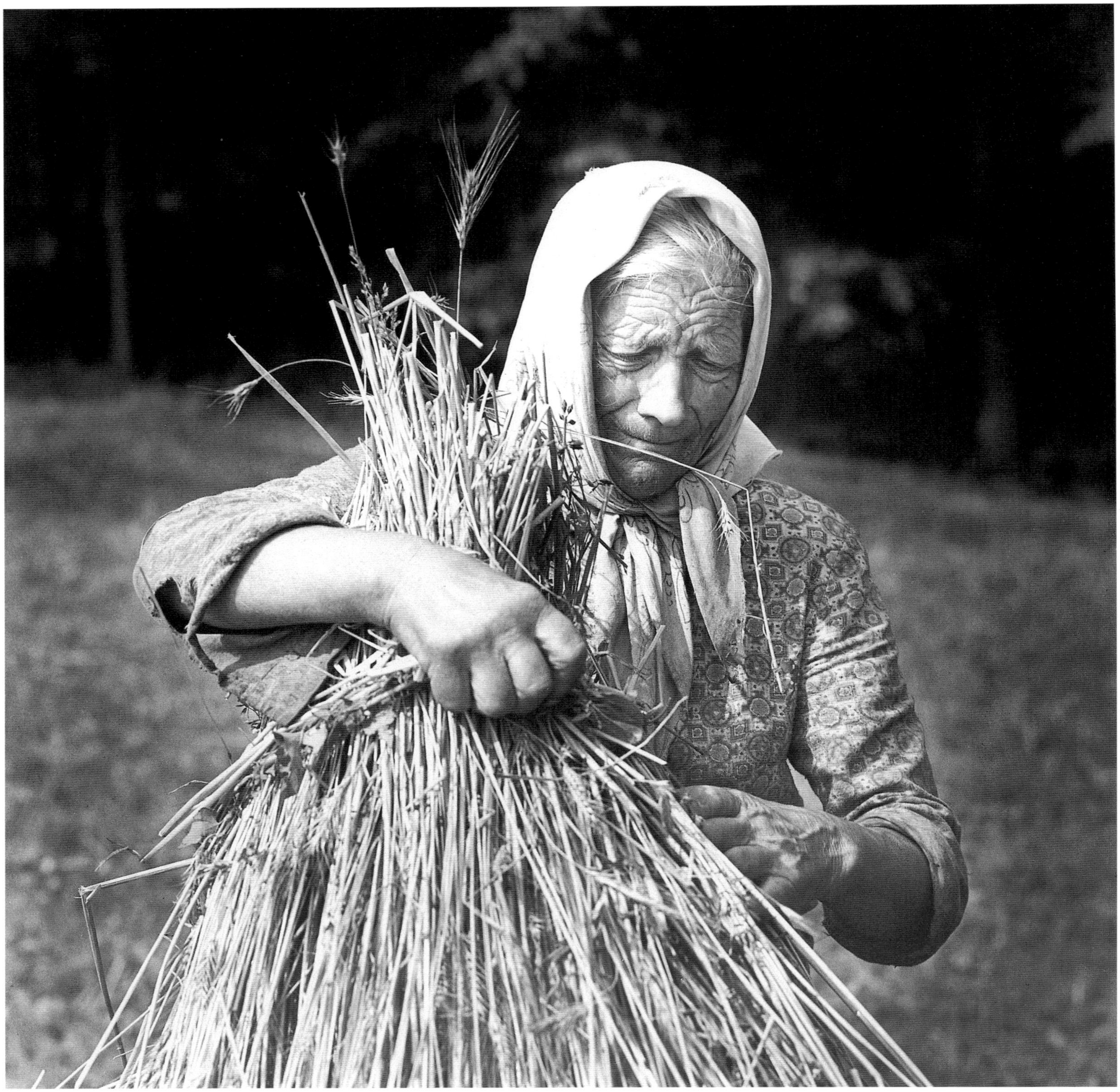

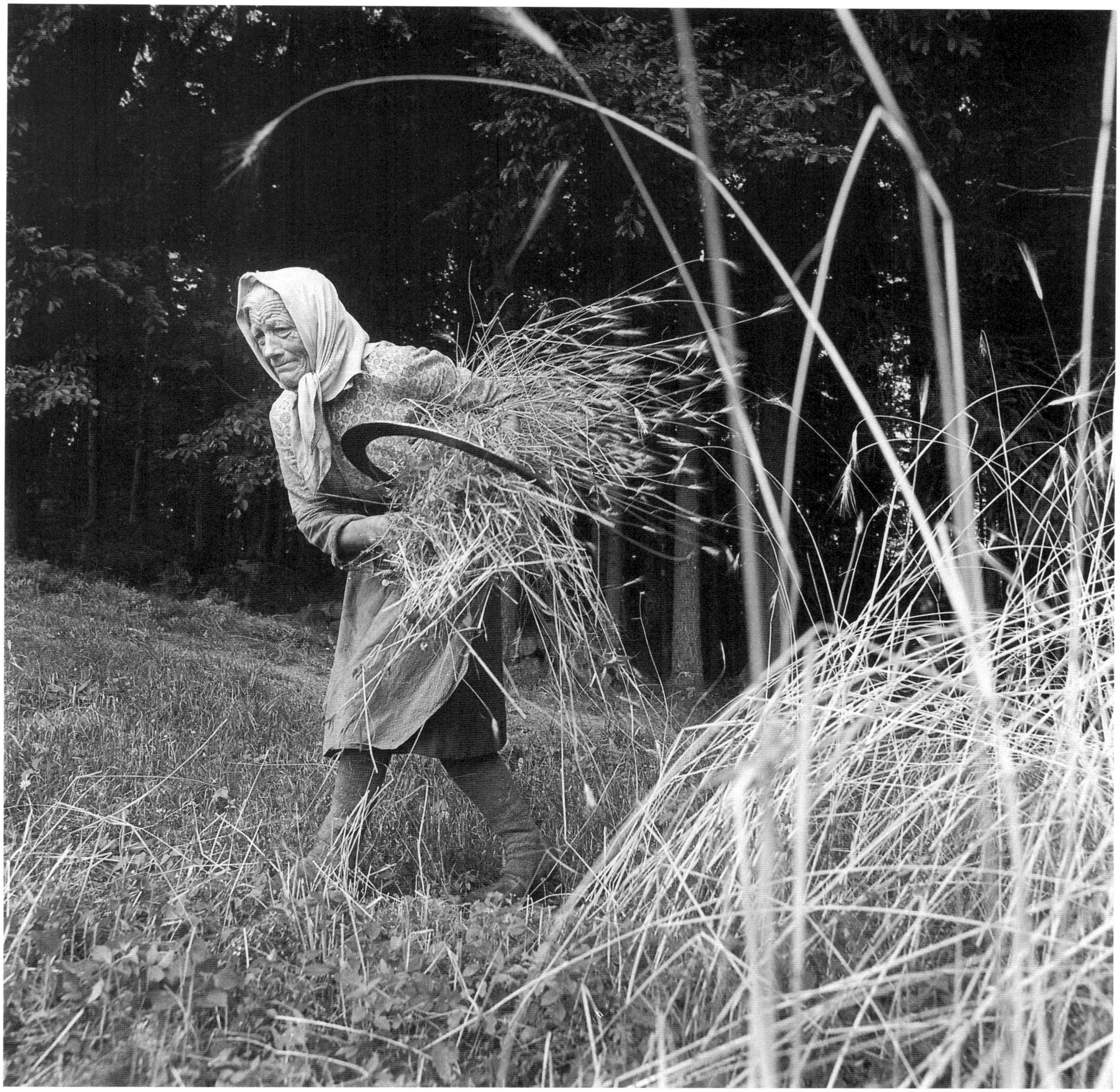

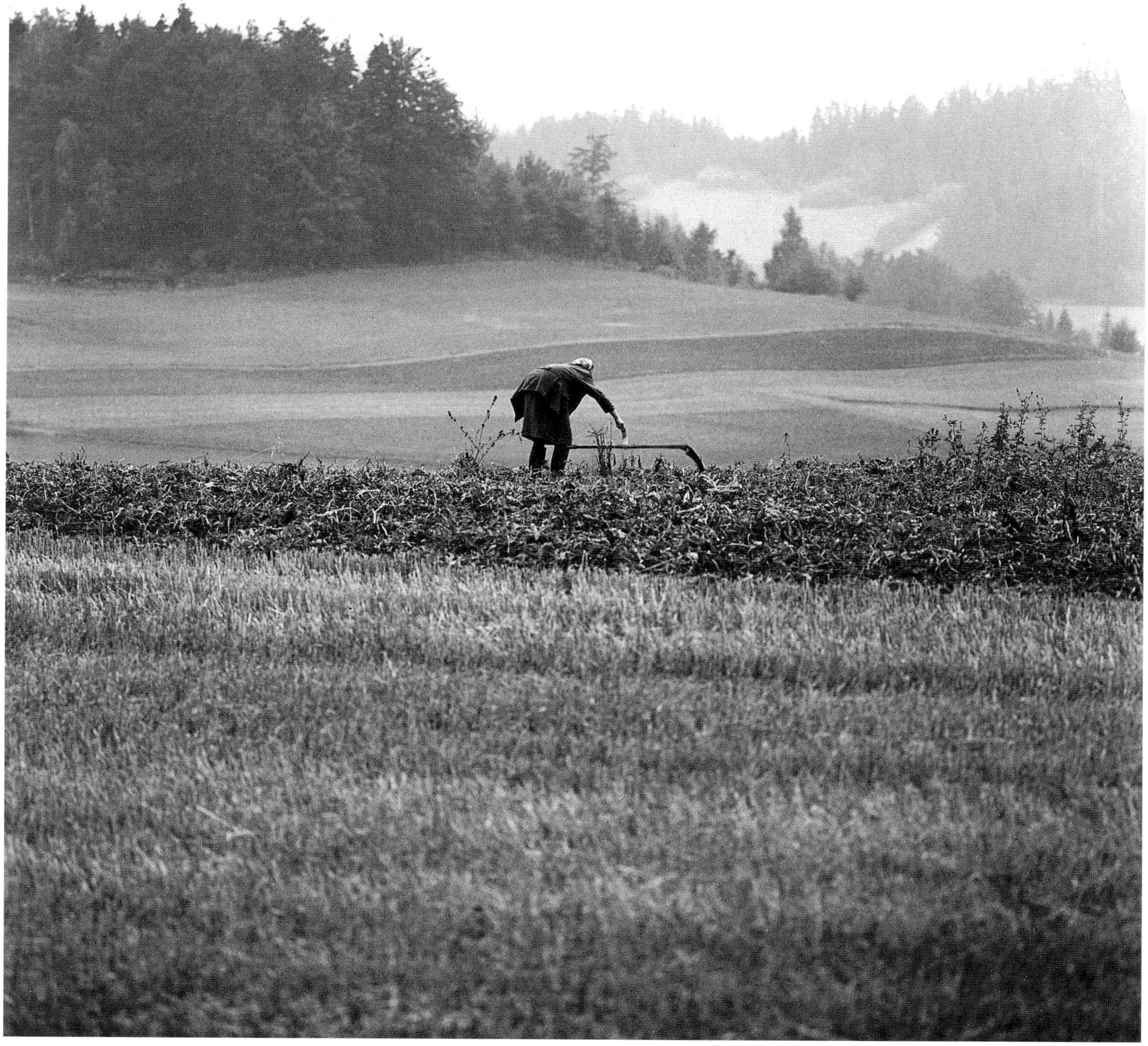

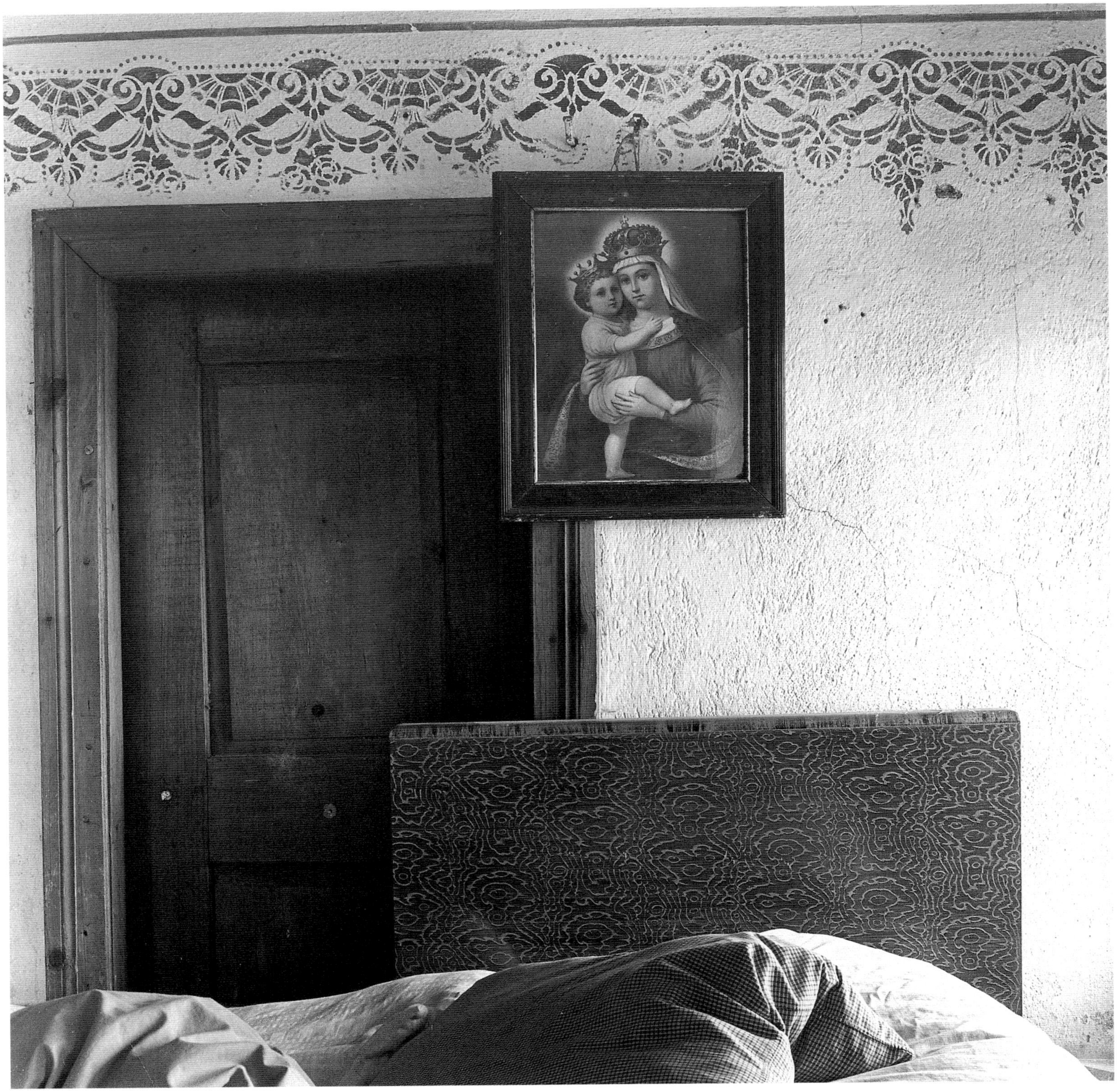

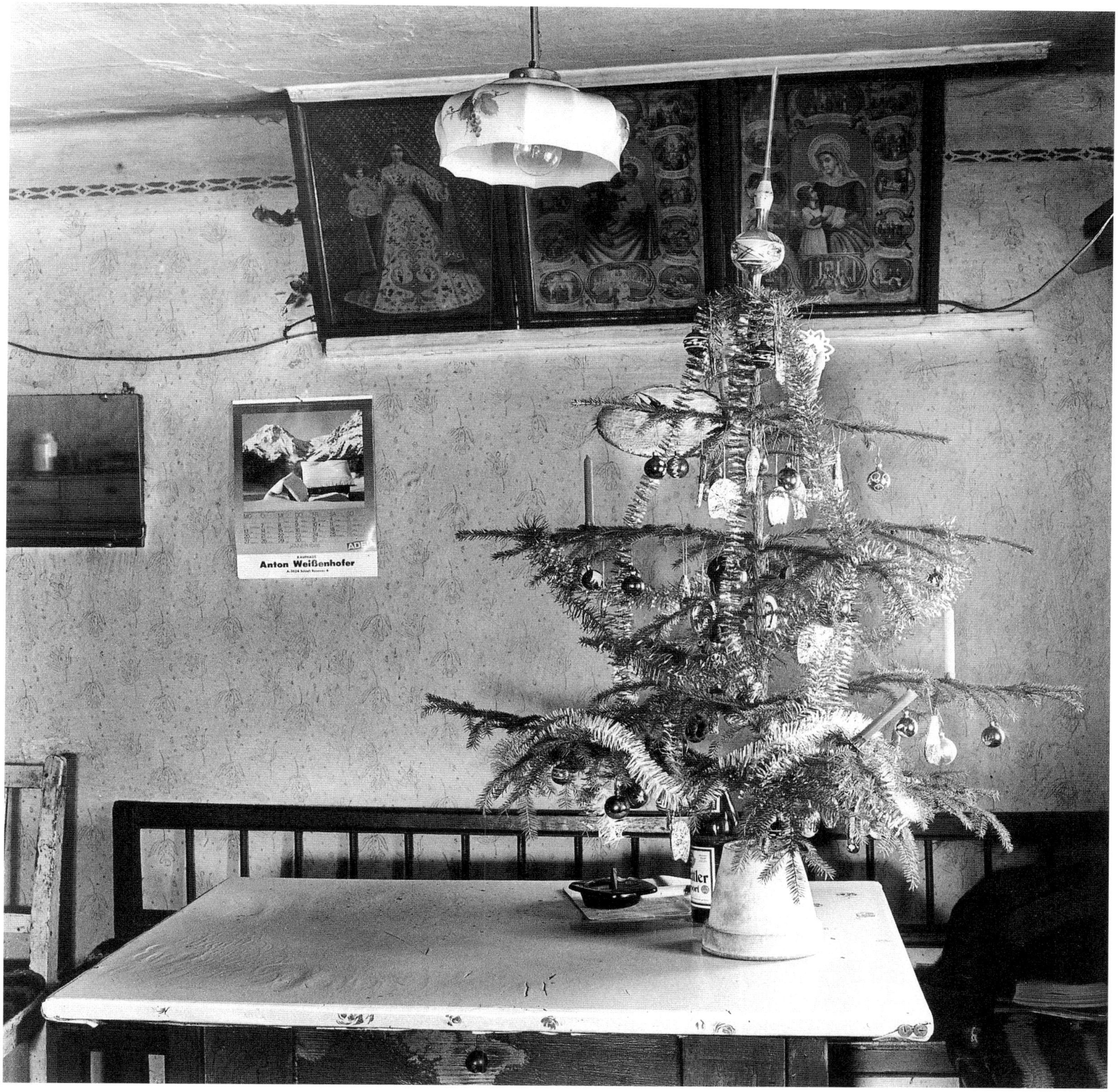
KAUFHAUS
Anton Weißenhofer

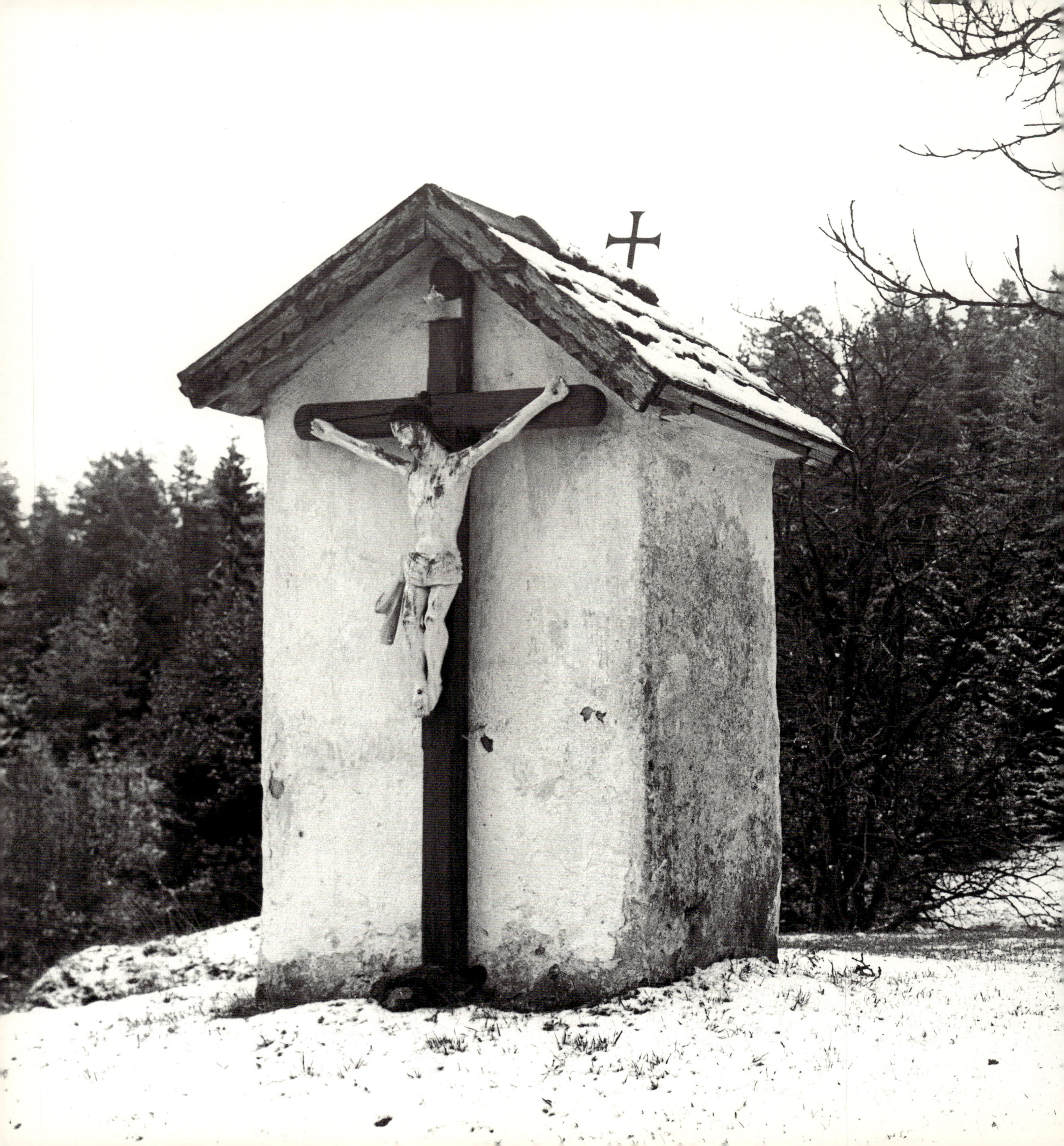

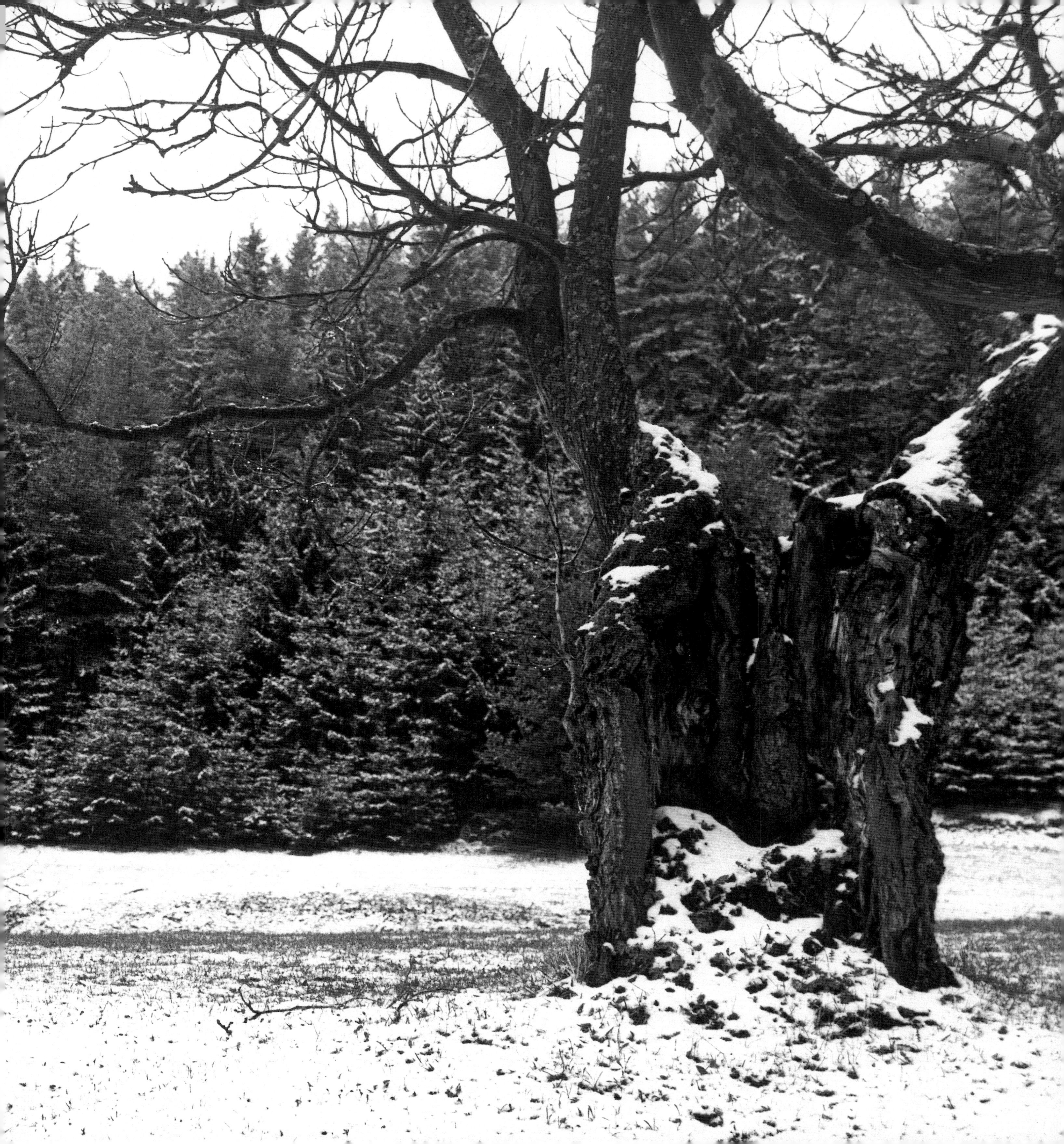

Aber eigentlich mag es weder ein Fatum geben, als letzte Unvernunft des Seins, noch auch wird das einzelne auf uns gesendet; sondern eine heitre Blumenkette hängt durch die Unendlichkeit des Alls und sendet ihren Schimmer in die Herzen – die Kette der Ursachen und Wirkungen – und in das Haupt des Menschen ward die schönste dieser Blumen geworfen, die Vernunft, das Auge der Seele, die Kette daran anzuknüpfen und an ihr Blume um Blume, Glied um Glied hinab zu zählen bis zuletzt zu jener Hand, in der das Ende ruht. Und haben wir dereinstens recht gezählt, und können wir die Zählung überschauen: dann wird für uns kein Zufall mehr erscheinen, sondern Folgen, kein Unglück mehr, sondern nur Verschulden; denn die Lücken, die jetzt sind, erzeugen das Unerwartete und der Mißbrauch das Unglückselige. Wohl zählt nun das menschliche Geschlecht schon aus einem Jahrtausende in das andere, aber von der großen Kette der Blumen sind nur erst einzelne Blätter aufgedeckt, noch fließt das Geschehen wie ein heiliges Rätsel an uns vorbei, noch zieht der Schmerz im Menschenherzen aus und ein – ob er aber nicht zuletzt selber eine Blume in jener Kette ist? wer kann das ergründen? Wenn dann einer sagt, warum denn die Kette so groß ist, daß wir in Jahrtausenden erst einige Blätter aufgedeckt haben, die da duften, so antworten wir: so unermeßlich ist der Vorrat darum, damit ein jedes der kommenden Geschlechter etwas finden könne, – das kleine Aufgefundne ist schon ein großer, herrlicher Reichtum, und immer größer, immer herrlicher wird der Reichtum, je mehr da kommen, welche leben und enthüllen – und was noch erst die Woge aller Zukunft birgt, davon können wir wohl kaum das Tausendstel des Tausendstels ahnen.

Abdias

Da fiel den Eltern der alte Doktor ein.. Sie gingen zu ihm und baten recht dringend. Er fuhr hinab und ging an seinem Stabe mit den schneeweißen Haaren und gebeugt zu dem Kinde hinein. Da er es gesehen und um alles gefragt hatte und eine Weile geschwiegen hatte, sagte er huldreich: „Das Kind wird nicht sterben." Er gab den Leuten etwas und sagte, daß man morgen zu ihm kommen und wieder etwas holen solle. – Die Eltern trugen den alten Mann fast wie einen Engel zu seinem Wagen hinaus. Sie gaben dem Kinde täglich, was sie von dem alten Doktor holten, es ward gesund und blühte noch lange, da der Greis schon in seinem kühlen Grabe lag.. Friede mit ihm.

Aus der Mappe meines Urgrossvaters

Aber wie betrübend es auch sei, es ist ein Naturgesetz, daß Menschen sterben, und haben sie recht gelebt, und ihr Alter in Kindern verherrlicht, so sterben sie nicht ganz; denn in den ihrigen lebt die Erinnerung fort, bis sie erst in Enkeln und Urenkeln nach und nach ausbleicht. Und so ist es recht, daß die Welt immer als ein frisches, ursprüngliches, herrliches Ganzes dasteht, als wäre sie erst gestern aus dem Haupte des Schöpfers gesprungen.

An Gustav Heckenast, Januar 1842

O Herr! das könnt Ihr nicht ermessen – nein, Ihr wisset es jetzt noch nicht, wie es ist, wenn der Leib, der so lange das Eigentum Eures guten Herzens gewesen ist, noch die Kleider an hat, die Ihr am Morgen selber darreichen halfet, und jetzt tot ist und nichts mehr kann als in Unschuld bitten, daß man ihn begrabet.

Aus der Mappe meines Urgrossvaters

Die irdische Liebe, Doktor", sprach er, „die Ihr zu den Eurigen truget, hat aufgehört. Sie war eine Liebe in die Vergangenheit. Die Liebe der Eurigen zu Euch ist nur in eine andere Welt gegangen und umschwebt Euch unsichtbar. Sie umschwebt Euch desto sicherer, je mehr Ihr in Eurem Herzen wachset. Das leere Haus wird sich wieder füllen, es werden solche um Euch sein, die auch nach Euch sein werden. Und Eure Liebe wird auf sie strömen. Das ist eine Liebe in die Zukunft, und sie ist viel tiefer als die Liebe in die Vergangenheit."

Aus der Mappe meines Urgrossvaters

Gegen den Herbst starb der Auszügler des Alighofes in sanftem Schlafe. Es hatten wohl wenig Menschen mehr von dem alten Mann geredet. Jetzt, da er gestorben war, redeten sehr viele von ihm, und zwar seines hohen Alters willen. Der Pfarrer hatte in dem Taufbuche nachgesehen und gefunden, daß der Mann nicht gegen neunzig Jahre alt gewesen sei, wie er selber gesagt hatte, sondern drei Monate über hundertfünfzehn Jahre. Alle Menschen erstaunten, und ich dachte, warum denn mein Vater, der um ungemein vieles jünger gewesen war, habe sterben müssen. Jedoch sterben nicht manche im zwanzigsten Jahre und früher? Gott hat es verfügt.

Aus der Mappe meines Urgrossvaters

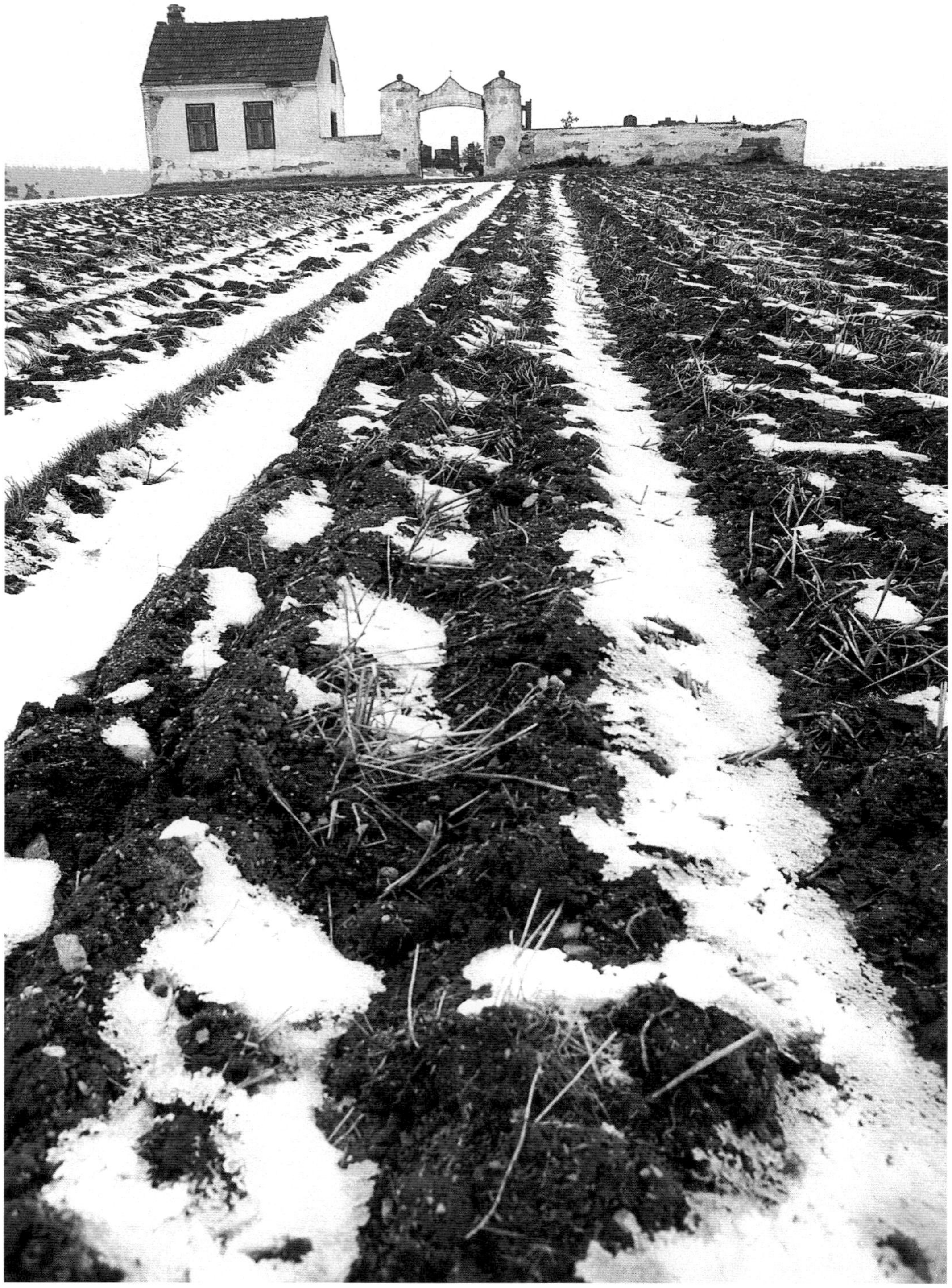

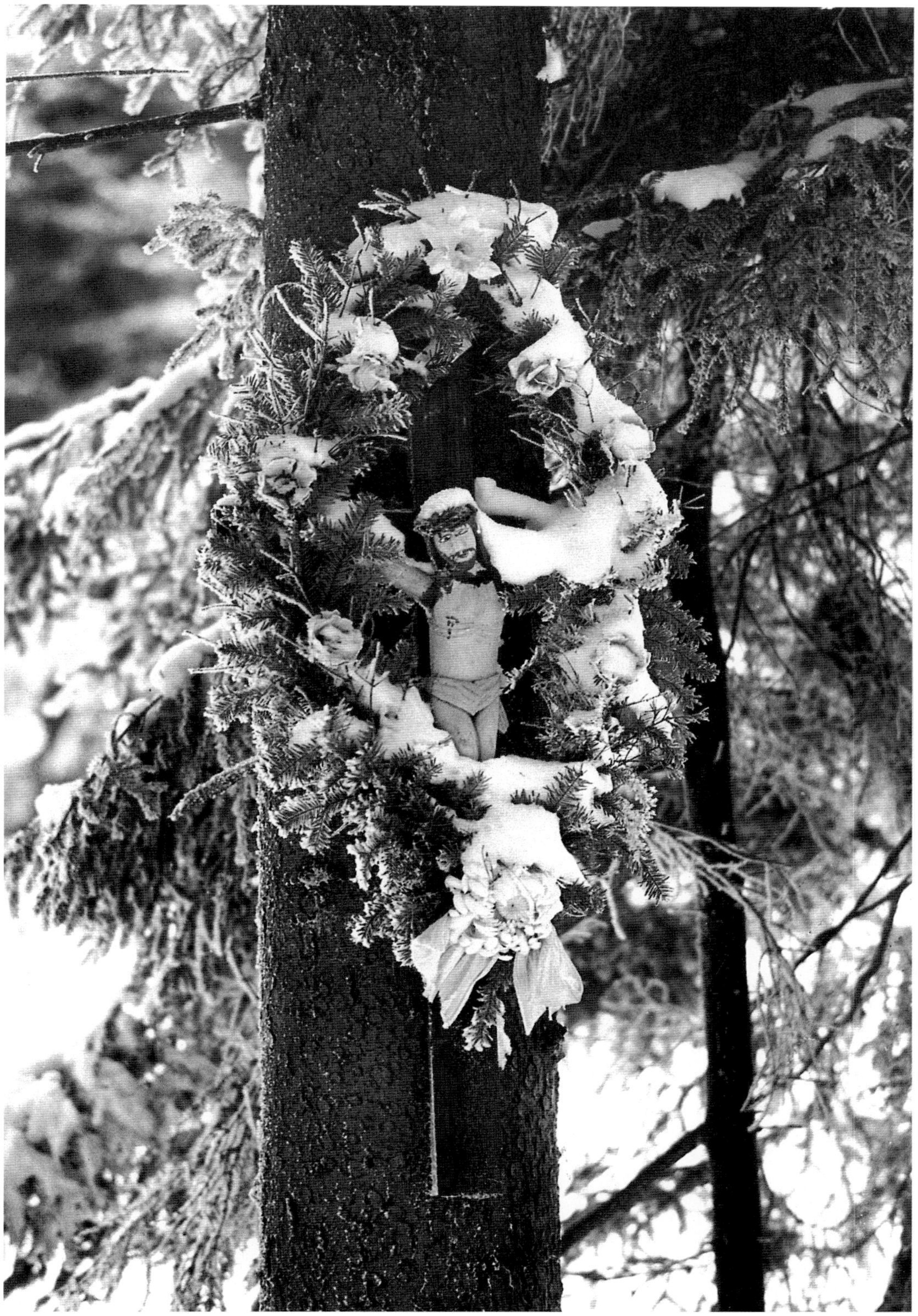

Von diesem Buch GRANIT, Das Land vor dem Winter, Waldviertel, wurde im September 1994 eine Auflage von 3 000 Exemplaren hergestellt. Die Konzeption des Buches, ebenso wie die Gestaltung des Schutzumschlages erarbeitete Dietmar Tadler, dem auch für seine wertvolle Unterstützung bei der graphischen Gestaltung zu danken ist. Gerhard Trumler und Verleger Richard Pils wählten die Zitate aus den Werken von Adalbert Stifter. Die Lithographierung der Photographien erfolgte bei Beissner u. Co, liebevoll überwacht von Peter Augustyn, dem Rudi Metzger stets beratend zur Seite stand, welch letzterer auch die gesamte technische Leitung der Herstellung dieses Buches besorgte. Die lektoratsmäßige Betreuung, im Sinne Adalbert Stifters, ist Maria Seifert zu danken. Viel Geduld und Ausdauer bewies Gottfried Eilmsteiner in seinem Satzstudio in Freistadt bei der Gestaltung der Texte, welche gesetzt wurden in der Bodoni book 14 auf 18 Punkt. Auf dem Kunstdruckpapier Magnomatt 200g druckte Adolf Holzhausens Nfg. Buchdruckerei GmbH die Abbildungen in Duotone und den Text unter den stets wachsamen Augen von Helmuth Breyer. Die Bindung besorgte die Buchbinderei Salzburg, deren Chef, Günther Almesberger, ebenso geduldig wie fachkundig die oft eigenwilligen Wünsche des Herausgebers zu realisieren trachtete.

Alle Photos dieses Buches wurden ausschließlich mit den beiden Kamerasystemen Leica und Hasselblad aufgenommen.

Leica M6 und R4/R7, unter Verwendung von Objektiven der Brennweiten zwischen 15 mm und 350 mm – 26 Bildseiten/rechteckig, 8 Doppelbildseiten und Vorsatzbilder.

Hasselblad ELX und CM, deren Objektivreihe einschließlich des Konverters von 40 mm bis 700 mm reichte – 54 Bildseiten quadratisch, 5 Doppelseiten und Portfolioseiten.

Gerhard Trumler, GRANIT, Das Land vor dem Winter, Waldviertel, ISBN 3 85252 024 X
Verlag Bibliothek der Provinz, Wien–Linz–Weitra–München, A-3970 Weitra, Tel.: (0043) 2815/35594, Fax: 3 55 92

Die Verwirklichung dieses aufwendigen Buchprojektes wurde ermöglicht auf Grund einer sehr großzügigen Förderung des kunstsinnigen Generaldirektors Herrn Dkfm. H. Gerhard Randa namens der BANK AUSTRIA AG.

Darüber hinaus brachte die verständnisvolle Hilfe der Niederösterreichischen Landesregierung durch Frau Stv. LHptm. Lise Prokop eine wesentliche Minderung des verlegerischen finanziellen Risikos.

Der Waldviertel-Beauftragte der Österreichischen Bundesregierung, Herr Abg. z. NR Dr. Günter Stummvoll, ermöglichte durch seine Begeisterung und sein Eintreten für dieses Buch umfangreiche Vorverkäufe.

Herr Baumeister Franz Graf/GRAF BAU GmbH Horn, Herr Ing. Leopold Helbich/GRANITWERKE POSCHACHER Mauthausen, und Herr Dir. Dipl.-Ing. Anton Zangerle/BILLA und LIBRO Wr. Neudorf zeigten durch ihre gewichtigen Vorausbestellungen Vertrauen in meine Arbeit, welches ich hoffe, nicht enttäuscht zu haben.

Wir Menschen plagen uns ab, um die Mittel zum Leben zu erwerben,
nur das Leben lassen wir dann bleiben.